Hedwig Kolonko

Zwei Gesichter des Isan

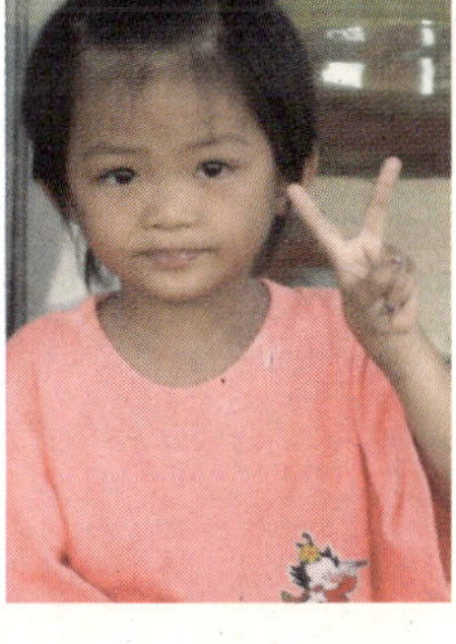

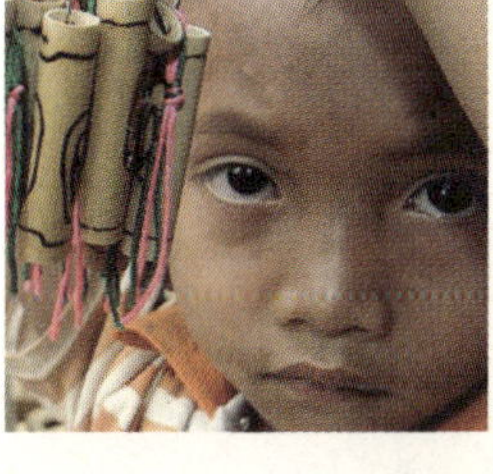

Hedwig Kolonko

ZWEI GESICHTER DES ISAN

Das Leben in einer thailändischen Großfamilie

ARAKI

IMPRESSUM

Hedwig Kolonko
Zwei Gesichter des Isan
Das Leben in einer thailändischen Großfamilie

Erste Auflage 2010

Fotos Hedwig Kolonko
Titelfoto H. Hoppe, Pixelio
Cover Elisabetta Santangelo
Das Wat Pa Baan Taad und die Baptist Church in Udon Thani
haben die Genehmigung zum Druck der Bilder erteilt.

Satz und Lektorat Georg Dehn
gesetzt aus der Bembo

ARAKI
Verlag Leipzig
in der
Gesellschaft für Integrale Ökologie und Sozialforschung
gemeinnütziger Verein
Ein Teil des Erlöses ist für das Kinderdorf
Lomphulat Childrenban

www.lomphulat-childrenban.de
www.araki.de

ISBN 978-3-941848-06-1

Gewidmet ist dieses Buch dem Schutzpatron
Tschau Poh Lungrad (Lomphulat) & Sivali

Gewidmet ist es aber auch dem Mann, mit dem ich zusammen unseren Lebenstraum in die Tat umsetzen darf. Dieses Buch wurde als Grundlage für den Bau des zukünftigen Kinderdorfes geschrieben. Allen, die zum Gelingen des Buches beigetragen haben, danke ich von ganzem Herzen.

Mein besonderer Dank gilt meinem Sohn Moritz für seine fleißige Mitarbeit und seine große Geduld, sowie meiner lieben Freundin Wiebke aus Hamburg.

Ebenso danke ich Than Martin vom Wat Pa Baan Taad und Rev. Dr. Pracha Thaiwatcharamas mit seiner Frau Nilubon von der Baptist Church in Udon Thani.

Besonders glücklich bin ich über die einmalige finanzielle Spende, die ich durch die Vermittlung von Herrn Ivan Brüschweiler bekommen habe.

Danke von ganzem Herzen an die Legacon Treuhand Anstalt in Schaan, denn sie hat mir durch Ihren Glauben an meinen Erfolg den Druck des Buches ermöglicht.

Inhalt

Exotisches Thailand - Sehnsucht in die Ferne
Land des Lächelns

Schließt man die Augen und sieht suchend in sich hinein, dann findet sich ein Bild, das eine tiefe Sehnsucht nach exotischer Ferne verrät, die in Herzen und Gedanken jedes Menschen zu schlummern scheint.

Majestätisch hohe Palmen mit den angetrockneten Spitzen ihrer Wedel, die sich im lauen Wind des Meeres sanft hin und her bewegen. In ihren Kronen reihen sich Kokosnüsse unterschiedlichster Größe und Farbe, darauf wartend, von affenartig sich bewegenden Männern gepflückt und hinunter in den feinkörnigen Sand geworfen zu werden.

Malerisch weiße Strände, an deren Ende sich die kleinen, unschuldig weißen Wellenzungen des Meeres dahinkräuseln. Azurblauer Himmel mit einer Sonne, die für jeden Einzelnen zu strahlen scheint. Exotische Früchte in einer Fülle, die kaum zu übertreffen ist. Schöne junge Mädchen mit samtig dunkler Haut. Ihre schwarzen langen Haare wehen wie Schleier im leise seufzenden Wind dahin. Das alles verleiht der Idylle anheimelnden Charakter.

Man möchte entfliehen in eine Traumwelt, denkt an Erholung und lässt die Gedanken an die anstrengende Tätigkeit im eigenen Land hinter sich. Man wird entführt in die heile Welt der entspannenden Massagesalons, stöbert in mehr oder weniger stilvollen Boutiquen nach Schnäppchen der neuesten Modekreation, bewundert auf Märkten die fremde Kultur und fühlt sich wie ein König im siebenten Himmel.

Das asiatische Lächeln, die stets freundlichen Menschen und das eigene Glücksempfinden lassen die Tage wie im Traum vergehen und zu einem unvergesslichen Erlebnis werden.

Thailand – Land der Harmonie, der Schönheit
und des immerwährenden Glücks.

Entspannt, liebevoll umsorgt, mit faszinierenden Eindrücken genießt der Tourist lächelnd und kehrt mit einem Gefühl der Zufriedenenheit nach Hause, in den eintönigen Trott eines anstrengenden Alltags zurück.

Viele aufgeschlossene Senioren, die sich hier im Himmel fühlen, umschwärmt und auf Händen getragen von schönen jungen Mädchen, haben ihr einsames Domizil in der kalten Heimat abgebrochen und sind zur Angebeteten in dieses Paradies gezogen. Hier genießen sie den Ruhestand in reizvoller, von der heißen Sonne verwöhnten Umgebung und hoffen dabei, die richtige und aufrichtige Frau fürs Leben gefunden zu haben.

Aber Thailand hat nicht nur den sonnigen Süden mit dem unbeschwert lachenden Gesicht. Es gibt noch den weniger bekannten Nordosten, weit weg vom Meer und der Unbekümmertheit der Touristen.

Dieses andere Thailand wo ein Farrang (Weißhäutiger, ausgesprochen: „Fallang") noch wie ein exotisches Wunder bestaunt wird. Wo man kleine Kinder lachend hochhebt und die Geschwister freudestrahlend rufen: „Farrang, Farrang" – und dabei aus purer Lebenslust in die Höhe hüpfen, mit beiden Händen winkend und darauf hoffend, einen Blick auf dieses so besondere Wesen erhaschen zu dürfen. Wie groß ist dann die Freude, wenn dieser Fremde die Hände hebt und freundlich lächelnd den gebotenen Gruß der erwartungsvoll schauenden Kinder erwidert.

Auch wenn das Herz des winkenden Farrang bei diesen herzigen, mit dunklen Knopfaugen schauenden Kleinen am überlaufen ist und er sie in seiner Rührung am liebsten auf den Arm nehmen und verwöhnen möchte – erst da kommt das ursprüngliche Wesen dieser Menschen zutage.

Scheu und vorsichtig, ein Farrang von weitem ist beliebt und überaus sehenswert, aber aus der Nähe betrachtet, flößt er dem zuvor so mutigen Kleinen eine nicht zu übersehende Gänsehaut ein.

Manches kleine dunkle Thaikind mit seinen großen braunen Kulleraugen hat sich weinend in die schützenden Arme seiner Mutter oder Schwester geflüchtet, wenn es zu nahe mit den blonden Haaren oder den angsteinflößenden hellen Augen seines so exotischen Gegenübers konfrontiert wurde.

Es sind die Menschen aus dem Isan, gebunden an ihre Traditionen und erzogen nach den alten überlieferten Wertvorstellungen ihrer Väter. Doch dieser Teil des Landes, oben im Nordosten, hat verschiedene Erwartungen an das Leben und zwei sich in keiner Weise ähnelnde Gesichter.

Die Menschen auf dem Land und die Menschen in der Stadt prägen den Isan in ihrer Vielfalt – die Unterschiede könnten nicht gravierender sein, obwohl es manchmal nur ein paar Kilometer zwischen den Haustüren dieser beiden Welten sind.

I. Die Menschen - Leben auf dem Land

Die Menschen vom Land - es ist schwer und oft unmöglich, hinter die Maske dieser extrem scheuen, aber auch neugierigen Menschen zu blicken. Nur durch hautnahen Kontakt, durch viel Einfühlungsvermögen, eine gute Beobachtungsgabe, große Akzeptanz der Kultur und ihrer manchmal sehr seltsam wirkenden Sitten, kann man das Wesen dieser Menschen finden.

Ganz verstehen wird ein in den westlichen Industriestaaten aufgewachsener Mensch dieses Volk nie. Zu unterschiedlich ist ihre Mentalität, zu verschieden die Vorstellungen des alltäglichen Lebens.

Ausgedehnte Reisfelder wohin das Auge blickt, rechteckig ausgehobene Flächen, überzogen mit den von Rindern angefressenen Halmen. Sie ziehen sich bis an die wellig geformten Hügellandschaften in der Ferne dahin, umgeben von einem Wall Erde, über den ein Pfad führt. Die Verbindung von einem Feld zum anderen.

Eigentlich steht jedes Reisfeld ganz für sich allein und doch werden sie oft durch einen kleinen Kanal miteinander verbunden, um bei ausbleibendem Regen das Wasser des nahen Weihers in das eine oder andere trockene Reisfeld zu pumpen.

Mit dem Start in die Regenzeit zur Jahresmitte beginnt die harte Arbeit auf dem familieneigenen Acker. Die Stoppelfelder, seit der letzten Ernte im November brachliegend, warten auf die ersten, alles erlösenden Regentropfen. Trockene, aufgebrochene Erdschollen, die beim Überqueren dichte braune Staubwolken aufwirbeln, freuen sich auf das köstliche Nass.

Die Reisbauern der älteren Generation brennen im Dezember nach alter Sitte ihre Felder mit einem weithin leuchtenden Feuer ab. Die Fortschrittlicheren lassen diese Stoppeln aus hellbraunem Stroh einfach stehen, als willkommenes Futter für die umherziehenden Büffel- und Rinderherden. Sie pflügen diese Reste als nahrhaften Dünger mitsamt den wohlriechenden Hinterlassenschaften der Tiere bei Beginn der Umgrabezeit einfach mit unter die Erde.

Nachdem die ersten dunklen Regenwolken ihre schwere Last über dem Land vergossen haben und die Erde sich wie ein trockener Schwamm mit Wasser vollgesogen hat, wenn sich die ersten bleibenden Pfützen in den tiefliegenden Feldern bilden, dann kann das Bearbeiten der bis dahin harten und staubigen Erde beginnen.

Vor nicht langer Zeit war das Pflügen der harten Erde ein sehr mühsames Unterfangen, da der körperliche Einsatz beim Lenken eines Wasserbüffels viel Kraft gekostet hat. Der Büffel hat in den heutigen, maschinenorientierten Tagen ausgedient. Er gilt vielen Bauern nur noch als sichere Wertanlage, die sich ganz ohne Zutun seines Besitzers vermehrt, da die Herden frei und unbekümmert über das nicht eingezäunte Land umherziehen dürfen. Man kann die sanften Tiere in Zeiten der Not zu Geld machen und sie an die verkaufen, die ihr erspartes Kapital in sicheren Werten anlegen wollen.

Der Sohn eines armen Tagelöhners kann bei der Familie einer Auserkorenen das fällige Brautgeld in Form eines Wasserbüffels bezahlen. Denn hier auf dem Land muss der Mann seine Frau noch käuflich erwerben, er muss für die Mühen der Kindererziehung an die Eltern eine bestimmte Summe Geldes zahlen. Dieser Umstand wird als eine nicht zu ändernde Tatsache hingenommen.

Hat eine Familie einen männlichen Nachfahren geboren und ihn mit viel Liebe und Mühe zu einem jungen Mann erzogen, so ist die Summe der Erziehungskosten eigentlich die Gleiche wie die bei einem Mädchen. Doch das lang ersparte Brautgeld muss von der Familie des Bräutigams an die Eltern des Mädchens bezahlt werden. Im Regelfall zieht diese kleine neue Familie in das Haus der Brauteltern mit ein.

Zufrieden fühlt sich die Familie, die nicht nur das Brautgeld ihr Eigen nennen darf, bekommt sie doch ohne weitere Anstrengung einen jungen, starken Mann, der arbeiten und Geld verdienen kann. Das erwirtschaftete Einkommen darf der junge Familienvater aber nicht für sich und seine kleine Familie verwenden, denn das verdiente Geld fließt automatisch in die von den Eltern verwaltete Kasse und wird zum Wohle aller verbraucht.

So ist es verständlich, dass die meisten Eltern lieber die später so lukrativen Mädchen haben möchten. So bekommen sie für eine heiratsfähige Frau das Brautgeld, oder einen grauen Wertanlagebüffel. In manchen Fällen reichen einer bescheiden gebliebenen Mutter auch schon die bunten Fliesenplatten für ihren tristen Zementboden im Haus der Familie.

Junge Leute auf dem Lande leben nur selten allein. Ein Haus können sie sich nicht leisten. Die gesamte Familie lebt ja doch gemeinsam in einem Hausbereich, wo einfach ein neuer Raum für das jungvermählte Paar angebaut wird.

Aber die Wünsche der jungen Leute ändern sich und es wird nicht mehr alles nur gedankenlos und stillschweigend hingenommen, wie es das Familienoberhaupt in seiner Mächtigkeit befiehlt.

Mancher junge frustrierte Mann hat seine frisch geheiratete Familie kurze Zeit später wieder verlassen, weil er sich als ausgenutzte Arbeitskraft zu schade war und er keine Lust hatte, die Spielschulden seiner neuen Schwiegermutter abzuzahlen, statt, wie eigentlich erstrebenswert und völlig normal, mit seiner jungen Frau einen eigenen Hausstand zu gründen. In dieser Situation zeigt es sich auch, wie stark die innere Abhängigkeit der Angetrauten von den eigenen Eltern ist. Wird das junge Mädchen bereit sein, den entscheidenden Schritt der Unabhängigkeit, die Hingabe an ihren Mann zu wagen und aus dem Kreis ihrer alles umschlingenden Großfamilie ausbrechen?

Kann sie ihr Eheversprechen, ihm treu zur Seite zu stehen, einlösen und mit ihm eine Einheit in einem eigenständigen Haus bilden? Oftmals schon ein winziges Wesen unter dem Herzen tragend, das wie so viele kleine Kinder im Isan, ohne einen Vater aufwachsen müsste? Und wie geht es der Familie des jungen Mannes? Sollte der junge Mann seine angetraute große Liebe verlieren, bleibt selbst der Wasserbüffel und das Brautgeld in den Händen seiner Frau.

„Hochzeit - der schönste Tag im Leben" ist auch hier der romantischste Traum eines jungen Mädchens, doch was verbirgt sich an geheimen Wahrheiten hinter diesem Wort?

Bei den Menschen auf dem Land hat die „Moral der Vorfahren" einen hohen Stellenwert. Aber wie bei allem, was im Leben als wichtig erscheint, ist auch dieser Begriff dehnbar und leicht entsteht die Doppelmoral, die jeder kennt und die man so auslegen kann, wie es Einem gerade in den Sinn kommt.

Jedes Land der Welt hat seine Regeln und Gesetze, was den Umgang der männlichen und weiblichen Jugendlichen untereinander betrifft. So auch im Isan, denn sobald die die Reifezeit kommt und das auffällige Interesse am anderen Geschlecht, beginnt das häufig kontrollierte Gebot der Geschlechtertrennung in allen Bereichen.

Aber auch hier findet die Liebe einen Weg, denn die Neugierde sucht und erkundet das, was die Älteren mit aller Macht zu verhindern suchen. Verbote haben auch bei diesen heute so strengen Eltern nichts genützt und aus diesem Grund versuchen sie ihren heranwachsenden Kindern ihr eigenes Schicksal zu ersparen. Allerdings gelingt es ihnen nur in den seltensten Fällen, denn es liegt in der Natur des Menschen, dass er seine Erfahrungen zuerst am eigenen Leib spüren will, um die tatsächliche Wahrheit des Lebens erkennen zu können.

Da in jeder Lebenslage das Wichtigste „das Wahren des eigenen Gesichtes" ist, müssen ihre Kinder die gleichen schlimmen Erfahrungen machen wie sie selbst und nichts bleibt ihnen erspart. Eine vertrauensvolle sexuelle Aufklärung und ein wenig mehr Verständnis für die jugendlichen Bedürfnisse wären mit Sicherheit der bessere Weg. Ist „Es" dann trotz der Moralpredigten passiert und haben die neugierigen jungen Leute erfolgreich herausgefunden, was hinter dem Geheimnis der wohlgehüteten Zweisamkeit steckt, dann lässt das unerwartet freudige Ereignis nur noch wenige Monate auf sich warten.

Es ist nur die Spitze eines Eisbergs. Lange ist noch nicht das ganze Ausmaß dieser Doppelmoral ersichtlich. Allzuoft werden die Dinge, die man nicht sehen will, unter den in keinem Haus vorhandenen Teppich gekehrt und der Mantel des Schweigens über das bereits Geschehene ausgebreitet.

So ein kleines Wunder, das neun Monate lang das Schweigen dieser Familie akzeptiert hat, wird urplötzlich und mit der Kraft seiner Stimme ans Tageslicht drängen und die Menschen vor vollendete Tatsachen stellen, die nicht mehr zu überhören sind. Erst vierzehn oder fünfzehn Jahre alt sind diese Mütter, die noch das Gemüt eines Kindes besitzen, und nun mit einer schreienden Puppe im Arm dastehen. Ratlos wie der nicht viel ältere Vater, der hilflos auf seine kleine Familie starrt.

Die nun anfallende buddhistische Vermählung wird von vielen fleißigen Händen vorbereitet. Sie kann aber in diesem Fall an keinem Vormittag stattfinden, wie sonst der allgemeine

Brauch. Eine frühere Tageszeit ist nur den Paaren vorbehalten, die den moralischen Weg eingehalten und die Zweisamkeit für die Hochzeitsnacht aufgehoben haben. Den Sündern bleiben nur die dunklen Abendstunden für die Bildung ihrer ehelichen Gemeinschaft.

Das Dorf soll und darf es sehen, alle wissen es und wieder schwebt der Mantel des Schweigens über dem Geschehen und verklärt alles in einem glänzend hellen Licht.

Hochzeit bedeutet feiern mit Essen und Trinken, Freude und Ausgelassenheit im Hause der jungen Frau. Das ist eine Aufgabe der stolzen Brauteltern. Das Hochzeitsfest der Tochter wird von Ihnen liebevoll gerichtet.

Es ist aber keine Hochzeit auf dem Standesamt vor einem Beamten. Das ist in der Stadt üblich, im Dorf eine Ausnahme.

Buddhistische Heirat nennt man diese Zeremonie. Der junge Mann trägt eine schicke dunkle Hose, ein sauberes weißes Hemd mit einer gebügelten Krawatte, schwarze, blitzblank geputzte Schuhe und ein bunt gemustertes Jackett. Sollte er aber diese teuren Kleidungsstücke nicht in seinem eigenen Kleiderschrank gefunden haben, so ist das kein Problem, da jeder aus dem Dorf das für ihn Mögliche dazugibt, sodass er an diesem Tag als ein wahrhaft schmucker Bursche vor den „Traualtar“ und zum Bund des Lebens treten kann.

Die Braut wird von den weiblichen Mitgliedern der Familie entführt und ebenbürtig für ihren schicken Mann herausgeputzt. In glitzernder traditioneller Tracht, einer hochaufgesteckten schwarzen Haarpracht und herrlichem Schmuck, der auch nicht unbedingt aus der eigenen Schatulle zu stammen braucht, präsentiert sie sich den wartenden Gästen in dem vorbereiteten Hochzeitsraum.

Kein Mönch würde die „sündige Vermählung“ ablehnen, aber die Dorftradition will es so, daß ein einfacher, meist älte-

rer Mann die Zeremonie leitet. Ihm wird nachgesagt, er habe besondere Kräfte. Das Paar sitzt auf den am Boden liegenden Strohmatten, nimmt in typisch thailändischer Sitzhaltung seinen Platz ein. Jeder der Brautleute bekommt einen weißen Blütenkranz aufs Haar gelegt, der von den jüngeren Mädchen des Dorfes aus wohlriechenden Blumen geflochten wurde.

Diese Blütenkränze sind durch eine blumenumwundene Schnur verbunden und somit auch der Geist und die Seele der zu Vermählenden, da der Kopf in den Augen dieser Menschen die wichtigste Verbindung zu Buddha und ihrer Religion darstellt.

Jeder Kopf ist heilig und nur einem unwissenden Farrang wird der Fehler am Anfang verziehen, sollte er mit seinen Füßen, die das Minderwertige am Körper darstellen, durch seine Sitzhaltung in Richtung des Kopfes zeigen. Besonders schlimm ist es, wenn ein Farrang mit seinen Füßen den Kopf seines thailändischen Gegenübers berühren würde oder er es wagen sollte, diesen Kopf mit einem unbedacht geworfenen Schuh zu treffen.

Die angehenden Eheleute sind aufgeregt und sitzen in angespannter Haltung auf dem Boden. Vor ihnen stehen jetzt alle rituellen Dinge bereit, die der alte Mann für die Vermählungszeremonie braucht.

Jeder der Brautleute bekommt eine gelbe Kerze, duftende Blumen, ein wenig klebrigen Reis und ein hartgekochtes Ei in seine gefalteten Hände gelegt, damit das Essen in der Zukunft niemals ausgehen soll. Ebenso wird eine dünne Schnur, meist ist es weiße oder gelbe Wolle, an die jeweils außenliegenden Handgelenke gebunden und das lange Zwischenteil über die rituellen Gerätschaften und Blumen in der Mitte gewunden. Es stellt eine gemeinsame Verbindung dar und soll bewirken, dass die auf diese Weise geschlossene Ehe ein Leben lang stark, gut und glücklich werden soll.

So hören die beiden mit gebeugtem Haupt den Gebeten ihres hohen Gegenübers zu und tun all die vielen Dinge, die nötig sind, damit sie am Ende der Feierlichkeit als verheiratetes Paar vor ihren Familien stehen und die große Party mit ihrem Festschmaus endlich beginnen kann.

Zuerst erscheinen aber noch die vielen geladenen und ungeladenen Gratulanten und bestaunen das dargebrachte Goldgeschenk des Bräutigams an seine junge Frau, das je nach Größe seines Geldbeutels prachtvoll oder doch eher bescheiden ausgefallen ist. Die Gäste bringen nun auch ihrerseits dem frisch vermählten Paar ein Geldgeschenk dar, das sie an einer Stelle des Körpers oder der Kleidung deponieren.

Dabei winden sie um die Gelenke der Hände einen dünnen Wollfaden in weißer Farbe und während des Knüpfens murmeln die Gratulanten leise Gebete und Glückwünsche für das junge Paar vor sich hin. Drei Tage lang bleiben diese Glück verheißenden Bänder an ihrem Platz, bevor sie vom Oberhaupt der Familie entfernt werden dürfen, unter den leise gesprochenen Worte der vielen guten Wünsche und Gebete.

Dann ist es endlich so weit, die Ungeduld der anwesenden Kinder ist schon übermächtig zu spüren, der Hunger will beschwichtigt werden – der Vater eröffnet die Festtafel zur Freude aller Gäste mit einer kleinen Rede und zum Wohle des Brautpaares.

Die jungen Eheleute ziehen sich für eine Weile in ihren eigenen, von den unverheirateten Mädchen des Dorfes geschmückten Raum zurück. Das Bett, sofern eines vorhanden, wird mit herrlich duftenden Blütenblättern übersät und die Matratze wird am unteren Teil mit vielen grünen Blättern der verschiedenen Bäume bestückt. Mit Hilfe dieser Blätter soll die Fruchtbarkeit der beiden gesteigert werden. Reicher Kindersegen soll das Haus mit neuem Leben erfüllen und den Großeltern Freude und eine Aufgabe im Alltag schenken.

So wird das Fest, das den alltäglichen Trott dieser Menschen unterbricht, lautstark gefeiert.

Das Brautgeschenk, der graue Wasserbüffel, ist mächtig anzusehen aber ein sehr sanfter Koloss. Er erfreut sich in der heutigen Zeit eines ruhigen und beschaulichen Lebens, da er, bei seiner Arbeit, von einer meist rotlackierten Maschine abgelöst wurde, im Volksmund auch die „Thai-Rotlek" genannt.

Dieser kleine rote Traktor fährt auf zwei großen Rädern und unterstützt den Reisbauern beim Umackern der Felder. Geführt wird er an einer langen, nach hinten gebogenen Lenkstange, an der sich seitlich befestigt der Gasgriff und die Bremse befinden.

Beim morgendlichen Start zur Arbeit kuppelt der Bauer an dieses rote, nach Öl duftende Gefährt einen kleinen zweirädrigen Wagen aus Holz an, der beladen ist mit allem notwendigen Werkzeug, den gefüllten Wasserflaschen, viel leckerem Essen, Kochgeschirr, Matten ...... den Hunden, den Kindern und nicht zu vergessen die Omas und Opas der Familie. Das sind all die wichtigen Dinge die man braucht, um einen anstrengenden Arbeitstag so gut wie möglich zu überstehen.

Der Kräftigste von ihnen und der, der sich in der Straßenverkehrsordnung am besten auszukennen glaubt, sitzt vorne auf der schmalen Sitzbank und führt das ruckelnde Gefährt über die holprigen Wege. Am Reisfeld angekommen, werden die Gummiräder durch stabile Eisenräder ersetzt, da man sonst in der bereits unter Wasser stehenden Erde keine Chance hätte, auch nur einen Schritt vorwärts zu kommen, ohne im Schlamm stecken zu bleiben. Es ist ein enormer Kraftakt, da das Lenken der Rotlek in der nassen Erde viel Muskelarbeit erfordert und so hält man sich auch hier an die Gepflogenheiten einer Großfamilie.

Derjenige, der mehr Muskeln hat, ackert das Feld um und der mit weniger Kraft in den Armen, schaut dabei zu und gibt dem Arbeitenden gut gemeinte Ratschläge.

Dem Boden ist nicht Genüge getan, wenn das Feld einmal umgepflügt und die Erdschollen von oben nach unten gedreht werden, sodass die angefressenen Stoppeln kopfunter daliegen. Nach dem ersten Aufreißen der Erde warten die Bauern auf den nächsten helfenden Regen und dieses Zusammenspiel der Natur wird so lange wiederholt, bis die klobigen Brocken in kleinste Teile zerfallen sind und das trübe Wasser zumindest knöchelhoch in den weiten Feldern steht. So wird ein Reisfeld nach dem anderen in den richtigen Zustand versetzt und endlich kann das Einsetzen der Reispflanzen für die bis jetzt verschonten Helfer und Ratgeber beginnen.

Die Reissetzlinge werden noch von eigener Hand gezogen wie früher. In einem bereits gefluteten Feldabschnitt wird der geschälte und gesegnete Reis vom Vorjahr großzügig ausgesät und nach einer bestimmten Zeit können die vielen Setzlinge in den vorbereiteten Feldern in mühevoller Handarbeit eingepflanzt werden.

Es ist nicht immer so einfach, wie es scheint, besonders wenn es zur Freude der Einheimischen der immer neugierige und wissbegierige Farrang ausprobieren will. Im knöcheltiefen Wasser bringt er den Oberkörper in eine waagrechte Stellung und bleibt so lange in dieser Position, wie es sein Rücken ertragen kann. Vor dem ungeübten Auge verschwimmt das trübe Wasser und wird zu einer einzigen graubraunen, sich träge bewegenden Fläche.

In der einen Hand hält er die grünen Setzlinge fest umklammert, denn diese zart aussehenden Gebilde sollen in einer möglichst geraden Linie und in immer gleichem Abstand in den weichen Boden gesetzt werden. Einfach nur mit ein wenig Gefühl in den Schlamm drücken. Abbrechen oder verbiegen kann sich dabei normalerweise nicht das Geringste, weder die dünnen Stengel noch der wuschelig aussehende Wurzelbart am Ende der kleinen grünen Pflanze.

Schwierig wird es für einen Farrang, wenn er vor dem krabbelnden Getier Angst hat, das sich da so zahlreich im Wasser tummelt. Es sind weniger die niedlichen Fische, die Krebse oder die harmlosen Schlangen, die leicht zu ertragen sind, sondern vielmehr die langen oder kurzen Würmer, die Larven und Blutegel, vor denen kein Mensch sicher ist, der seinen Fuß oder auch nur die Hand in das schlammige Wasser steckt.

Selbst Stiefel sind keine große Hilfe für einen Farrang. Sie schützen ihn zwar vor kleinem Getier und er kommt mit ihrer Hilfe auch leicht in die Felder hinein. Aber hier wieder herauszukommen oder nur einen oder gar mehrere Schritte zu laufen? Oft bleibt der Stiefel in dem sich festsaugenden Schlamm stecken.

Hat der Farrang es endlich geschafft, aus dieser unbequemen Stellung als aufrecht gehendes menschliches Wesen den trüben Fluten zu entsteigen, kann er die frisch gepflanzten Linien betrachten, wobei er das eigene Resultat genau erkennen wird.

Spaß hat es allen gemacht und das ist für einen Thai vom Land, der immer ein Kind bleibt, das Schönste. Sanuk, Sanuk!!!

Nach dem Setzen hat der Bauer mit seinen vielen fleißigen Helfern eine gemütliche Ruhepause bis zur Ernte. Natürlich wird jeden Tag nach dem Gedeihen der Setzlinge geschaut, der Wasserstand wird kontrolliert, kräftigender Dünger muss in den Feldern ausgestreut werden und die saftig grünen Pflanzen werden auf Schädlinge hin untersucht. Derer gibt es leider viele, versteckte und auch offensichtliche. Man findet Würmer, die aussehen wie schaumartige, rosa Ummantelungen am Halm. Sie sind genauso ungern gesehen wie die Wasserbüffel oder die Rinder, denen das saftige Grün um ein Vielfaches mehr schmecken würde als die strohigen Halme.

Das Arbeitsleben ist in dieser Zeit bequem, aber so verdient Mann kein Geld und die Familie muss sich in ihren Ansprüchen bescheiden oder anderweitig nach bezahlter Arbeit umsehen. Möglichkeiten gibt es im Häuser- oder Straßenbau, auf den Zuckerrohrplantagen oder auf den Ölpflanzungen. Hier kann sich die ganze Familie ihren Lebensunterhalt in harter Arbeit verdienen oder sie züchten eigenes Gemüse, Obst und Salat und verkaufen es auf dem benachbarten Markt.

Mütter mit Kindern sitzen oft stundenlang an ihren selbst gebauten Webstühlen aus Holz und fertigen unter großen Mühen die bunten Baumwollstoffe an. Bei dieser Arbeit können die kleineren Kinder neben ihrer Mutter spielen. Sie werden dabei von den älteren Geschwistern beaufsichtigt, während diese auf dem Fußboden ihre Schularbeiten machen.

Besonders die Herstellung farbenfroher und wertvoller Seidenstoffe findet großen Anklang bei den Frauen. Hier kann bei gleichem Arbeitsablauf viel mehr Geld verdient werden, als bei einfachem Baumwollstoff. Aber nicht jede Familie kann sich den Kauf der dafür nötigen Materialien leisten.

Im Oktober, kurz vor Ende der Regenzeit, stehen die Reispflanzen tief im Wasser oder zumindest sollte es so sein. Das ist die größte Hoffnung und gleichzeitig die tiefste Angst eines jeden Reisbauern, ob die Regenzeit das hält was sie verspricht.

Die Gebiete in der Nähe der flachen Berge haben weniger Probleme mit fehlendem Wasser als die weiten Ebenen im Landesinneren. Bei Regen staut sich die nasse Flut in den Bergen und nach und nach werden die angrenzenden Äcker überschwemmt. Mancher Reisbauer steht vor seinen ausgetrockneten Feldern und starrt mit fassungslosem Gesicht auf die Reishalme, die ein vertrocknetes Gelb angenommen haben, noch lange bevor der Reifungsprozess seinen Abschluss fand. So ein katastrophales Ereignis trifft diese armen Menschen besonders hart. Nicht nur, dass die Familie große Sorgen mit Ihrer Ernährung für das nächste Jahr haben wird, auch gibt es nichts, was verkauft werden kann, um andere, lebensnotwendige Dinge zu erstehen.

Unten im Süden, wo das Klima den Menschen und der Natur nicht ganz so schwer zu schaffen macht, gibt es eine zweite Reisernte, aber hier oben, wo nur einmal während der Regenzeit das Land bewässert wird, wo die meiste Zeit des Jahres eine staubige Trockenheit und sengende Hitze herrscht, hier sind die Menschen in der Regel auf eine einzige und hoffentlich erfolgreiche Reiszeit angewiesen.

In der Nähe des Mekong oder anderer Flüsse gibt es durch Bewässerungssysteme eine zweite Ernte, aber nur wenigen Familien ist solch ein zusätzliches Einkommen vergönnt.

Bis zur Ernte im November trocknen die Felder so weit ab, dass die Arbeiter beim Schneiden der reifen braunen Ähren mit der leicht gebogenen, scharfen Sichel nur noch im feuchten Schlamm zu stehen haben. Sie können den schlammigen Untergrund ohne schützendes Schuhwerk betreten. Die Fusssohlen sind grobem Schmirgelpapier so ähnlich, dass sie im Stoppelfeld ohne blutende Sohlen ihrer Arbeit nachgehen können.

Der Reisbauer und seine Helfer – wer sie sieht, wie sie zwischen den abzuerntenden Reihen im immer gleichen Abstand stehen, denkt im ersten Moment an Banditen aus den Bergen. Vermummt bis über beide Ohren, mit dünnen Handschuhen, die grob gestrickten Mützen mit den runden Augenlöchern und dem schmalen Atemschlitz tief über das Gesicht gezogen. So arbeiten sie in der prallen Sonne, schneiden mit ihrer Sichel die trockenen Halme auf knapp halber Höhe ab und legen sie auf den noch weichen Untergrund.

Lachend gestehen die Frauen und Männer, dass sie sich vor dem juckenden Staub und den pieksenden Halmen schützen müssen, aber auch, dass ihre ohnehin dunkle Haut nicht noch den Ton von schwarzgefärbter Erde annimmt.

Alle Damen des Feldes möchten die begehrte helle Haut. Lieber schwitzen sie also kräftig in ihrer Vermummung, als dass sie zu dunkelbraunen Schokokeksen werden denen man schon aus der Ferne ansieht, dass sie auf dem Feld und nicht im Büro arbeiten. Würde der Tourist den arbeitenden Thai, mit ihrer braunen und ledernen Haut erzählen, dass die Menschen in Europa viel Geld ausgeben, um unter teuren Maschinen diese vielgeliebte Tönung der Haut zu bekommen, sie würden es ihm kaum glauben.

Plötzlich erschallt inmitten des Reisfeldes ein fröhliches Lachen. Der Tourist erzählt, dass viele Menschen eine besondere Creme benutzen, die die Haut von alleine bräunt und dass diese Verrückten sich stundenlang in die pralle Sonne legen um von allen Seiten wie ein Brathähnchen geröstet zu werden, nur um diese schöne braune Haut zu haben. In der westlichen Welt ist eine gebräunte Haut ein Zeichen von Wohlstand, in Thailand ist es die Farbe der Armut.

Inmitten der Reisfelder befinden sich kleine, erhöht liegende Baumgruppen und allein stehende Bäume, die ihre teils dürren Äste bizarr in den Himmel recken. In ihrem Schatten tummeln, tummeln, spielen und erholen sich die Kinder, die alten Leute und die Pausesuchenden. Hier wird der Reis für die mitgebrachten Speisen gekocht, zusammen gegessen, gelacht und gelebt, hier findet während der Reiszeit das Familienleben statt.

Unter den löchrigen Kronen der Bäume, durch deren Blattwerk die vielen, lustig tanzenden Sonnenstrahlen rinnen, steht die breite, aus Bambus gebaute Plattform, die durch ihr aufgesetztes Blätterdach den Schlafenden mit ihrem Schatten schützen soll. Ein Tuch wird zwischen zwei Balken gespannt und dient als eine bequeme Wiege für die Kleinsten, wenn sie sich vom anstrengenden Spiel ins Reich der Träume flüchten. Selbst für die ältere Generation ist es leicht, sich in diesem Traumreich zu erholen. Auf der im kühlen Schatten stehenden Plattform liegt eine bunt geflochtene Matte, man streckt sich einfach neben eines der wohlig schlafenden Kinder aus und schon ist man mitten drin im erholsamen Schlaf, weit weg vom arbeitsreichen harten Leben.

Nachdem sich die Bauern und ihre Helfer erfolgreich durch die Reisfelder gekämpft und die geschnittenen Halme zwischen den Stoppeln zum Trocknen ausliegen haben, bricht die kurze Zeit der Ruhe an. Die in der Sonne liegenden Ähren brauchen ein trockenes, raschelndes Äußeres, damit beim anschließenden Dreschen, kein einziges der Reiskörner verlorengeht.

Auch jetzt kann man nicht so einfach die Hände in den Schoß legen. Die Ernte muss geschützt werden. Auch in der Nacht sollte immer ein mutiger Wächter auf dem Acker sein, damit die hart erarbeiteten Früchte des Feldes nicht von alleine davonlaufen können.

Ganze Mäusefamilien, Vögel und andere niedliche, aber hungrige Tiere erfreuen sich an diesem reich gedeckten Tisch, der sich vor ihnen ausbreitet.

Der Zeitpunkt des Dreschens ist gekommen. Wieder trifft sich die „Räuberbande“ und hält Ausschau nach einer blau lackierten Dreschmaschine die über das Land fährt und ihre

Dienste den wartenden Bauern anbietet. Diesmal dient die alles verdeckende Maskerade in erster Linie dem Schutz vor aufsteigendem Staub, der unerbittlich die Augen verklebt und die Nasenlöcher verstopft.

Der breitgedrückte Erdwall rund um die Felder wird an einer geschickt plazierten Stelle so weit geöffnet, dass die Maschine in den Acker einfahren kann, immer in der Hoffnung, den Boden so weit trocken vorzufinden, dass die Räder nicht in der feuchten Erde stecken bleiben. Sonst müsste die Maschine mit dem Traktor aus dem braunen Schlamm gezogen werden.

Die am Fahrzeug angebrachten Stützen werden herausgefahren. Auf halber Höhe, kurz hinter dem Fahrerhaus, ist auf der Seite für einen einzelnen Mann eine Sitzschale am Fahrzeug verankert, von der aus er die gebündelten Halme in die rotierende Öffnung schieben kann. Ein rostiger Auspuff stößt kleine schwarze Rauchwölkchen aus und an dem schräg nach unten führenden Abfüllstutzen stehen zwei kräftige Frauen, die in ihren weißen Säcken die herabprasselnden, ungeschälten Reiskörner auffangen. Wenn sie prall gefüllt sind, werden die Säcke von den Männern mit einem gespaltenen Holzspan gut verschnürt und mit dem Schwung ihrer starken Arme an den Rand der ausgelegten Plane gestellt. Durch eine hohe, nach hinten gehende Fontäne wird die Spreu in alle Himmelsrichtungen verstreut und wenige Tage später auf einem hohen Haufen zusammengerecht, in der Mitte gehalten von langen dünnen Stangen.

Das Reisstroh verwenden die Bauern als Tierfutter, alles aufsaugende Unterlage im Stall und für den Transsport der Rinder.

Ungeschälter Reis ist in der Regel das gängigste und beliebteste Zahlungsmittel auf dem Land. Um den prozentualen Anteil der Reissäcke für die Arbeit an der Dreschmaschine in Erfahrung zu bringen, erfordert es einer großen mathematischen Anstrengung der beteiligten Bauern, vermischt mit lautstarken Diskussionen. Es ist ein guter Handel für beide Seiten und selbst die fleißigen Tagelöhner erhalten Ihren Lohn in Form von ungeschältem Reis, denn die wenigsten möchten Geld für ihre Arbeit haben.

Reis zu haben bedeutet das täglich gesicherte Brot. Sollte sich einmal die Notwendigkeit einer wichtigen Anschaffung ergeben, dann hat die Familie ein sicheres „Bankkonto" auf das sie sich verlassen kann. Bares Geld ist viel zu schnell für dieses oder jenes Unnütze ausgegeben und somit verschwunden. Selbst die täglich benötigte Reismahlzeit für die vielen hungrigen Mäuler ist dann fast nicht mehr auf den Tisch zu bringen.

Jedoch sind Erntemaschinen dabei, den vielen ungebildeten Menschen ihre so wichtigen Arbeitsplätze streitig zu machen.

Ist die schwere Arbeit getan und die hoffentlich sehr reiche Ernte unter Dach und Fach, wird das schon kräftig dampfende Essen auf den Tellern verteilt. Die noch leeren Gläser und die mit Schnaps gefüllten Flaschen sind bereits in den Händen der Männer. Nun kann das Erntefest mit all seinen Freuden und Genüssen endlich beginnen!

Der „Laukau" ist ein Reisschnaps und ein höllisch scharfes Getränk, das den wachen Geist sofort vernebelt und dem Farrang schon beim blossen Nippen die Kehle in ein brennendes Organ verwandelt. Gelangt dieser Schnaps aber aus Unwissenheit in den Magen, dann kann er die Folgen dieses Irrtums noch lange spüren und es gibt kaum einen Farrang, der sich nach so einer Erfahrung des öfteren an diesem heißbegehrten Getränk erfreuen mag.

Der Thai ist hart im Nehmen und im Trinken. Genauso fest und stabil wie seine rauhen Fußsohlen, stellen sich auch die unverwüstlichen Magen- und Darmwände dar. Weder ein kleines Gläschen Schnaps noch die brennend scharfe Paste aus getrockneten und zerstoßenen Chillischoten, die bei keinem guten Essen fehlen darf, schädigen den Magen des Genießers.

Ist der Reis geerntet, dann kommt er ungeschält in eines dieser dafür gebauten Häuser, hoch oben auf stabilen hölzernen Stelzen und weit weg von einer möglichen Überschwemmung, den nagenden Zähnen der Mäuse oder den alles aufpickenden Schnäbeln der Vögel. Der Boden ist aus dicken breiten Holzbalken gezimmert und bei manchen der besser gestellten Familien des Dorfes wurden die Wände in der gleichen Weise gebaut.

Der weiße Klebereis heißt Kao Niao und ist die Hauptnahrung der Menschen im Isan, er nimmt den grössten Teil der bebauten Flächen ein und wird bis zu seiner Schälung in loser Form auf dem Holzboden trocken gelagert. Kao Tchao ist der normale weiße Reis und wird von den Thai aus anderen Regionen bevorzugt. Er bleibt in den Säcken und wird im Reishaus abgestellt. Die dritte Sorte ist der rote Kao Niao, der seine Verwendung vor allen Dingen in der Herstellung von Süßspeisen findet. Eine köstliche Delikatesse des Isan:

Man nehme eine Handvoll frisch gekochten roten Klebereis, bringe ihn in eine längliche Form und drücke mit dem Daumen eine flache Kuhle in die Mitte. Diese füllt man mit einer süßen Banane oder einer duftenden Mischung aus geraspelter Kokosnuss mit reichlich Zucker und verschließt diese delikate Füllung mit einem Deckel aus KaoNiao. Das Ganze wird in grüne Bananenblätter gewickelt und in einem Topf über heißem Dampf gegart. Durch den Eigenzucker schmilzt der Reis und ergibt eine klebrige, leicht ziehbare Masse, die ihren süßen Inhalt fest umschließt.

Der begehrte rote Reis ist während des Wachstums viel anfälliger für Krankheiten aller Art, nicht vergleichbar mit der Robustheit seines weißen Bruders, er wird daher nur in kleinen, zum Eigenverbrauch bestimmten Mengen angebaut.

Ist die Ernte sicher eingefahren, lehnt man sich zurück und genießt die Zeit der Müßigkeit. Eine Leidenschaft der Menschen vom Land. Aber auch hier wird jeder von seinem leeren Geldbeutel doch gezwungen, sich nach einer anderen Art des Geldverdienstes umzusehen. Deshalb könnte man die Mentalität auch so erklären: Sie arbeiten um zu Leben, solange sie dann aber Leben - in dieser genussreichen Zeit kann doch nicht gearbeitet werden!

Hat ein Mensch ausreichendes und gutes Essen, ist er dick. Dick sein bedeutet Wohlstand, denn dünne Menschen sind in den Augen vieler Dorfbewohner einfach nur genauso arm wie sie selbst. Sie können sich außer ihrem täglich auf den Tisch kommenden Klebereis, der dazugehörigen Fischsoße und der scharfen Chillipaste nicht viel Nahrhaftes und Delikates zu ihren Mahlzeiten leisten.

Rundlich aussehende Farrangs werden bei den Dorfbewohnern gern gesehen, da es doch offensichtlich ist, dass sie genug Geldes haben, um zu jeder Stunde des Tages den wohlgefüllten Essenstisch in seiner Vielfalt zu genießen. Von ihnen wird erwartet, dass sie ihren öffentlich zur Schau getragenen Reichtum ohne weiteres mit anderen, den Dünnen, teilen.

Als besondere „Liebhaber des guten Essens“ sind die Dorfbewohner darauf bedacht, immer genug Leckerbissen auf ihrem Teller zu haben. Aus diesem Grund verwenden sie für die Beschaffung dieser Leckereien einen Großteil ihrer Arbeitszeit.

Neben den sich in die Landschaft schmiegenden Dörfern befindet sich oft ein kleiner, flacher Weiher, der je nach Jahreszeit mit klarem oder schlammigem Wasser gefüllt ist. Kleine Fische, rund geformte Schneckenhäuschen oder Muscheln und

Krebse gibt es dort. Manchmal fängt einer auch einen großen Fisch mit sehr schmackhaftem, festem, weißem Fleisch. Nach dem Schuppen und Ausnehmen wird er mit frischen Kräutern und Zitronengras gefüllt und in Bananenblätter eingewickelt. Im Feuer oder Dampf gart er leise vor sich hin und ergibt einen nicht zu verachtenden Leckerbissen.

Kurz nach einer ergiebigen Regenzeit führen die Weiher, die Bäche und die Seen eine große Menge frisches Wasser. Täglich kann man Frauen, Männer, selbst Kinder bei ihren zum Teil erfolgreichen Versuchen beobachten, diese kleinen Tiere in ihren Netzen zu fangen.

Die Netze werden nicht vom Ufer aus in die Fluten geworfen. Die Fischer stehen bis zum Bauch im warmen Wasser und halten eine hohle Bambusstange in die Höhe. An ihrer Spitze ist eine ausladende Konstruktion aus dünnen Bambusrippen angebracht, bespannt wurde sie mit einem engmaschigen Netz und erinnert ein klein wenig an einen umgedrehten Regenschirm.

Diese zerbrechlich wirkende Konstruktion wird sehr langsam in das Wasser gesenkt und nach kurzem Wartens mit einem schnellen Ruck des Handgelenks aus den Fluten gezogen. Sollte sich außer Gras, Schlamm und anderen Abfällen doch noch etwas lebendig Zappelndes in diesen Netzen tummeln, wird es von den Kindern begeistert in die Eimer für den Heimtransport geworfen.

Es gibt Dinge, die zu essen sich ein Farrang gar nicht vorstellen kann, aber gegessen wird, was auf den Tisch kommt. Tische, an denen man sich auf einem bequemen Stuhl zum Essen niederlassen kann, gibt es hier selten. Vielmehr werden die selbstgewebten Bastmatten auf dem Boden ausgebreitet und das Essen in der Mitte in Schüsseln aufgestellt. Die Familie setzt sich ringsherum und bildet einen großen Kreis. Der Reis wird mit den bloßen Händen aus einem geflochtenen Bastkorb heraus genommen, dessen gut schliessender Deckel bunt verziert ist. Ein zu Besuch weilender Farrang bekommt auf seine Bitte hin einen Löffel und den Teller extra. Alle haben Verständnis für die Bedürfnisse und Sitten des fremden Gastes.

Die Tafel der Natur ist reich gedeckt, der Mensch braucht nur noch zuzugreifen und es sich schmecken zu lassen.

- Stengel von Seerosen in Wasser gekocht oder auch die Samen aus den Blütenköpfen
- Seetang, gekocht und gewürzt mit Knoblauch
- Blätter und Früchte von den verschiedensten Bäumen..
- Länglich grüne Schoten, direkt vom Baum gepflückt und ausgepellt
- grüne lange Schlangenbohnen, die sowohl roh als auch gekocht gegessen werden.
- kleine Fische, die komplett und unausgenommen roh zu einer feinen Paste verarbeitet werden,
- gekochte Krebse, Muscheln und Schnecken.
- Die Spezialität der guten Küche ist der eingelegte Fisch, der nach einer gewissen Reifezeit in einem Tontopf kräftig zu riechen beginnt und einen exzellenten Geschmack in viele Gerichte bringt. Er wird Badäg oder auch Bala genannt
- lange oder runde Käfer, Grashüpfer (frisch geröstet) mit ihren dünnen Beinen, Skorpione, Maden und diese kleinen weißen Ameiseneier, lecker und roh
- Namba (Fischsoße) und die scharfe Chillipaste dürfen niemals fehlen, oft haben sie außer dieser Zutat nicht viel mehr für ihren Reis.
- Papayasalat, gestampft mit kleinen roten und grünen Tomaten, Zitrone, viel Salz und Chilli,

Namba-Fischsoße und Bala, dem eingelegten
Fisch aus dem Tontopf.

Eine ebenfalls sehr beliebte, wenn auch teure Köstlichkeit ist das dunkelrote Rindfleisch. Roh sollte das Fleisch sein, fein gehackt mit Zwiebeln, viel Knoblauch, scharfen Chillis und mit einer ordentlichen Portion Blut vermischt, um den dazugehörigen Klebereis in eine wohlschmeckende rote Soße eintauchen zu können. Es ist eine genussvolle und heißbegehrte Speise der Landbewohner, die es bei besonderen Gelegenheiten gibt und deren Erstellung bereits das freudig gespannte Lächeln der zu erwartenden Gaumenfreude auf die Gesichter der Anwesenden zaubert.

Natürlich ist die Pharmaindustrie erfreut über diesen Umstand, da der Absatz der Entwurmungsmittel in den Apotheken auf dem Lande sehr viel höher ist als in der Stadt.

Besser verdienende Familien der Dörfer genießen die reine frische Luft, fernab der großen Stadt und fahren mit den eigenen Autos dorthin, um ihrem Broterwerb nachzugehen. Da sie durch ihre lange und qualifizierte Ausbildung die Möglichkeit einer geregelten und fest bezahlten Arbeit haben, bekommen auch ihre Kinder die Chance, in der Stadt zur Schule zu gehen. Dort ist das Bildungsniveau, vor allen Dingen auch der Lehrer, um ein Vielfaches höher als an den Dorfschulen.

Jeden Morgen um die gleiche Zeit wird das reiche Schulkind direkt vor der Haustür von einem Minibus abgeholt. Aber es sind nicht die einzigen Privilegien, die Beamtenfamilien hier genießen dürfen, die Kluft zwischen Arm und Reich ist offensichtlich.

Während die Armen durch eine, auf sie persönlich ausgestellte ID-Karte nur die allereinfachste Grundversorgung in einem für sie vorgesehenen Krankenhaus bei langen Wartezeiten erhalten,

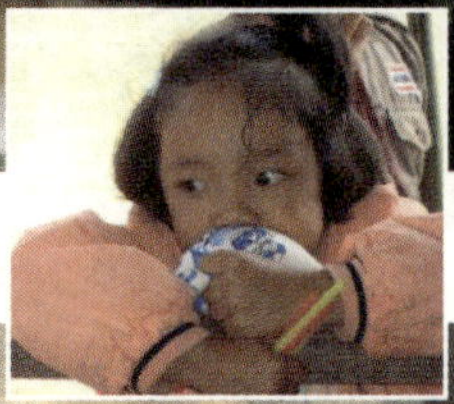

ist die Behandlung einer Beamtenfamilie in einem Hospital mit hohem westlichen Standard angenehmer. Selbst die Eltern der Beamten genießen dieses Privileg auf Lebenszeit.

Diese „Reichen“, leben in den großen Dörfern, wo man einen Arzt findet, eine Apotheke, eine Tankstelle und einen eigenen Marktplatz, auf dem das frische Obst und Gemüse täglich angeboten wird. Mittelgroße Supermärkte sind hier zu finden, wo die Händler aus den Minishops der umliegenden Dörfer ihren Kleinbedarf decken.

Sieben Tage pro Woche sieht man die mobilen Einkaufsläden zu den weit abgelegenen Dörfern fahren, um die Bevölkerung mit allem, was an notwendigen Gütern wichtig ist, zu versorgen. Es gibt die Kfz-Werkstatt, den Fahrrad- und den Möbelhändler. Selbst eine größere Polizeistation wird eingerichtet, wie auch das Rathaus. Die Müllabfuhr am Morgen gehört dazu genau wie in der Stadt. Die meisten Häuser haben einen Wasseranschluss und verfügen über Kanalisation, während es bei den Armen noch das berühmte Plumpsklo gibt, das in regelmäßigen Abständen leergepumt werden muss.

Das Dorf, seine Bewohner, ihre Sitten und Gebräuche

Fährt man mit dem Auto von der Stadt heraus hat man das Gefühl, in eine Welt der Vergangenheit abzutauchen.

Keiner dieser Menschen vergißt die Freude am Leben und seine heitere Ausgelassenheit, besonders nicht bei den vielen farbenprächtigen Festen, die man in alter, fast vergessener Tradition der Vorväter feiert. Bei diesen einfachen und ärmsten Menschen gibt es noch einen Bezug zu Sitten und Gebräuchen. Wie schon die Vorfahren in ihrer Tradition gelebt haben macht man weiter, wie wenn die Zeit geblieben wäre.

Bei fortschrittlicher denkenden Familien aus den Städten, aber auch in den Dörfern im Isan, sind die Traditionen zu einem Teil verloren gegangen. Viele junge Leute fangen an, die alten Strukturen zu hinterfragen und anzuzweifeln, besonders wenn sie als Schüler einer höherbildenden Schule oder gar als Student einer Universität in der Stadt leben und am Wochenende und in den Ferien zu Hause und im Dorf ihren traditionellen Platz wieder einnehmen sollen.

Eine Familie mit mangelnder Schulbildung kann sich nur ein einziges, gemeinsam bewohntes Haus erschaffen. Es hat in der Regel einen großen Wohnbereich und eine Küche, an die ein Waschraum angeschlossen ist. Sollten es die Einnahmen erlauben, gibt es noch ein eigenes Schlafzimmer für die Eltern. Bunte Fliesenplatten auf dem Zementboden ist der Inbegriff von Luxus.

Am Abend werden in dem gemeinsam bewohnten Raum

die bunten Matten ausgelegt. Decken und weiche Kissen gibt es in reicher Auswahl, sodass sich jeder ein gemütliches Plätzchen schaffen kann. Das große, meist hellblau oder rosa gefärbte Moskitonetz wird über das ganze Lager gespannt.

In dieser Hirarchie der Großfamilie spielt es keine Rolle, ob die Kinder, besonders die Söhne, bereits erwachsen sind und ihre eigenen Familien haben. Solange sie im Hause des Vaters leben, gilt das absolute Sagen des Oberhauptes. Wie bei den Jungen ist auch bei den etwas älteren Söhnen bereits der fortschreitende Prozess des Umdenkens zu erkennen. Je nach Verständnis des Vaters und seiner Bereitschaft zu partnerschaftlichem Denken, ist es für die restlichen Mitglieder der Familie einfacher oder schwieriger, dieses Leben so zu ertragen.

Es gibt da ein kleines, armselig anzusehendes Dorf, nur wenige Kilometer weg von den besser gestellten Dörfern. Es gibt derer viele, verbunden durch die hell zementierte Straße, durch löchrige und holprige Feldwege. Kaum ein Tourist beachtet diese bitterarmen Menschen in ihren tristen Hütten, die an ihr Karma festgebunden scheinen.

Es ist eine Dorfgemeinschaft, die durch eine breite Straße in zwei Teile zerschnitten ist wie ein Tischtuch, das unter den verschiedensten Menschen aufgeteilt wird.

Sowohl das Oberdorf wie auch das Unterdorf besitzt einen eigenen kleinen Laden, hat seine getrennt lebende Nachbarschaft und jeder Teil hat einen eigenen tiefen Brunnen, an dem sich die meisten der Dorfbewohner mit frischem Wasser versorgen müssen.

Man kann sie sehen, wie sie in dem noch kühlen, in den Wintermonaten leicht dunstigen Morgengrauen oder den dunkler werdenden Abendstunden, mit ihren zweirädrigen Karren aus Metall zum Wasserholen an den Brunnen fahren. Meist sind es Frauen, selten ist die helfende Hand eines Mannes dabei, die mit Hilfe eines kleinen Eimers, festgebunden an einem langen Seil, das klare Wasser mühevoll heraufziehen. Kinder in jeden Alters helfen ihnen bei der anstrengenden, aber auch lustigen und nassen Arbeit. Das Wasser wird in Kanister gefüllt und mit viel Anstrengung schieben sie gemeinsam die wertvolle Fracht den schmalen Weg bis zu ihrem Haus zurück.

Nur wenigen Menschen im Dorf ist es vergönnt, sich an einem eigenen, im heimischen Garten gegrabenen Brunnen und mit Hilfe einer hand- oder gar einer strombetriebenen Pumpe mit sauberem Wasser zu versorgen. Das Brunnengraben eine teure Angelegenheit. Nicht nur der Wünschelrutengänger muss bezahlt werden, auch die Errichtung einer gut funktionierenden Pumpanlage verschlingt eine zu große Summe Geld.

Die wichtigsten Gemeinsamkeiten dieser beiden Dorfhälften sind die Grundschule mit ihrem weitläufig angelegten Sportplatz und die schräg gegenüberliegende Dorfverwaltung mit ihrem an einer hohen Stange montierten Lautsprecher. Aber auch das buddhistische Wat mit seinem Verbrennungsplatz für die Verstorbenen des Dorfes und die tief im Wald liegende und liebevoll renovierte Gedenkstätte von Lomphulat, dem Beschützer und Patron des Dorfes, führen die Menschen zueinander.

In diese einfache Dorfschule gehen alle Kinder und sie beginnen ihre Schulzeit mit dem dritten Lebensjahr im schuleigenen Kindergarten. Mit dem zwölften Lebensjahr endet ihre Grundschulzeit und sie sind reif für eine der weiterführenden Schulen in der nächst großen Ortschaft. Eigentlich gibt es auch in Thailand eine gesetzlich geregelte Schulpflicht, aber wer kontrolliert das schon?

Für viele Kinder endet an diesem Punkt ihre schulische

Laufbahn, sie werden sich selbst überlassen oder müssen arbeiten gehen. Die Mädchen versorgen die Familie und manch ein Junge wird aus Geldmangel in eine Buddhaschule gesteckt, damit er nicht auf die schiefe Bahn gerät.

Ist der Besuch einer weiterbildenden Schule finanzierbar, so können die Kinder in einem der abenteuerlichen Busse mitfahren. Die transportieren in den frühen Morgen- und den späten Nachmittagstunden ihre Fahrgäste auf eine sehr lustige Art und Weise.

Der Bus besitzt ein abgeschlossenes Führerhaus. Die Transportfläche für die Schüler in ihren Uniformen wurde mit einem bunt gefärbten Gehäuse aus dünnem Blech ummantelt. Im oberen Teil befinden sich Fenster ohne Scheiben, um so der schwitzenden Schar eine etwas kühlere Brise Fahrtwind zukommen zu lassen. Stabile und leicht gewölbte Dächer mit einer silbernen Umrandung sind eine der wichtigsten Eigenschaften die diese Fahrzeuge aufweisen sollten, da sich der Sitzplatz im Inneren der Busse auf eine lange Bank beidseitig beschränkt und die vorhandenen Stehmöglichkeiten sehr schnell erschöpft sind.

So wird das Dach von wagemutigen jungen Kids erobert und zu einer bequemen Couch für viele umfunktioniert. Sind all diese Sitz- und Liegeplätze eingenommen, bleibt für die Trödler, die noch so viel zu erzählen hatten, nur noch die Möglichkeit des Wartens auf das nächste, vielleicht noch leere Gefährt, oder sie hängen sich hinten an die Stangen aus Metall, die neben dem breiten Trittbrett am Ende eines jeden Busses befestigt sind. Langsam setzt sich der abenteuerlich schwankende Bus in Bewegung und seine gemächliche Fahrt wird nur durch einen durchdringenden Hupton unterbrochen der anzeigt, wenn eines der Kinder aussteigen will. Es ist ein großes Glück für alle, wenn diese erste Fahrtunterbrechung von dem Schüler gewünscht wird, der in der Nähe des Trittbretts seinen Platz gefunden hat. Sonst muss eben die Sportlichkeit aller unter Beweis gestellt werden wenn es heißt: Raus aus dem Bus und jeder darf sich anschließend sein altes oder ein anderes bequemes Plätzchen suchen.

Aber das ist kein Problem, denn da tritt die ruhige und gelassene Mentalität der Asiaten zutage, die sich einfach die nötige Zeit für all das nehmen was sie eben nicht ändern können.

Allerdings ist es für die durch Zufall anwesenden und eher auf Hektik eingestellten Farrangs eine harte Geduldsprobe, zumal der Bus immer dann hält, wenn der Hupton ertönt.

In Udon Thani, Nong Khai, Khon Kaen, Bangkok oder im Süden des Landes gibt es zahlreiche Universitäten in den verschiedensten Fachrichtungen. Anders als in den Ländern, wo die Schule und vor allen Dingen die dazugehörigen Bücher frei und kostenlos sind, muss in Thailand für die besser qualifizierten Schulen und Universitäten ein Schulgeld von den Eltern bezahlt werden. Besonders an den Institutionen wo ein Farrang wegen des wichtigen Englisch den Kindern alles Wissenswerte beibringen soll.

Viele der Schüler, die auf eine kostenlose und deshalb sehr einfache Schule angewiesen sind, erlernen die Englische Sprache von einem Lehrer, der selbst dieser Sprache kaum mächtig ist.

Von ihren Eltern, die selbst nur die Grundschule besucht haben, können sie keine wertvolle Hilfe erwarten – und da es oft gerade in diesen Familien nur knapp für das tägliche Essen reicht, ist für den notwendigen Nachhilfeunterricht kein Geld vorhanden. Zwar ist das Busgeld für alle Schüler mit angelegter Uniform äußerst günstig, aber es muss trotzdem für die tägliche Hin- und Rückfahrt bezahlt werden. Dazu kommt auch noch das Essensgeld für die schuleigene Kantine, sowie ein kleines Extra-Taschengeld für Leckereien, die am

Straßenrand und vor den Schulen von den Imbiss-Ständen angeboten werden. Sie ziehen mit ihrem verlockend riechenden Angebot die immer hungrige Kinderschar in ihren Bann.

Unter diesen Voraussetzungen ist es zu verstehen, dass viele Eltern die gesetzlich vorgeschriebene Schulpflicht umgehen. Ihre Kinder haben jedoch niemals eine Chance auf ein besseres Leben.

Eine Schuluniform ist sehr umfangreich in ihrer Ausführung und besteht aus einer kurzen Hose, die in den meisten Grund- und weiterbildenden staatlichen Schulen braun ist. Dazu gehört ein kurzarmiges helles Hemd, passende braune Socken und Turnschuhe für die Jungs. Die Kluft der Mädchen besteht aus einem blauen, bis unter die Knie reichenden weitfliegenden Faltenrock, einer weißen Bluse mit V-Ausschnitt und kurzen gerafften Puffärmeln, die mit einer blauen Schleife verziert ist. Sie erinnert ein wenig an die schwarze Fliege eines Smokings, nur dass sie nicht den Hals, sondern den oberen Teil der Brust verziert. Um dem Ganzen noch eine perfekte Note zu verleihen, verschönern die Füsse der Thai-Mädchen weiße Söckchen, und statt der braunen Turnschuhe gehören zu diesem Oufit schwarze, glattpolierte Spangenschuhe. Auf der einen Seite dieser blütenweißen Hemden und der niedlichen Bluse wird mit einem roten oder einem blauen Faden der Name der Schule eingestickt und auf der anderen, der Herzseite, steht der Name des Kindes.

Der Aufsicht führende Lehrer erkennt sofort bei einem noch so kleinen Streich den jeweiligen Namen des vorwitzigen Übeltäters, der sich deshalb seiner Strafe nicht entziehen kann.

Damit ist der Bedarf an Schülerkleidung noch nicht komplett, denn einmal in der Woche ist der vielgeliebte Sporttag. Heute sind sie mit einer langen, blauen oder schwarz gefärbten

Sporthose gekleidet und dem dazu passenden T-Shirt in den Farben der jeweiligen Schule. So ergibt sich ein frohes und farbenprächtiges Bild, wenn sich der lange Pulk der Schüler durch die Straßen Richtung Heimat wälzt.

Die Emanzipation greift ein wenig anders in das Leben der Menschen ein und nicht in die sonst übliche Richtung. Die Jungen und Mädchen aus einer Schule tragen alle die gleichgefärbten T-Shirts in ihrer Farbe und sei es auch ein kräftiges pink oder ein zartes rosarot.

Der absolute Stolz der Kinder ist die pfiffige braune Uniform der „Pfadfinder". Das Hemd ist reich dekoriert mit Abzeichen in allen möglichen Formen und Farben, oft geschmückt mit Schulterklappen aus rotem Samt. An jedem Gürtel baumelt eine gedrehte hellrote Kordel, die mit besonderen Knoten versehen ist und das gefaltete weinrote Tuch wird von einer goldenen Spange am Hals zusammengehalten. Die Krönung sind die braunen Strümpfe, die kurz unterhalb der Knie von einem breiten Gummiband umspannt werden, an denen nach außen hin lustige weinrote Fransen und Bommeln ihr Unwesen treiben und bei jedem Schritt in alle Richtungen hin- und herhüpfen. Den schmucken, dazu passenden Hut gibt es zwar in nur einer, der herrlich braunen Farbe, aber den älteren der Schüler ist ein pfiffigeres Design vorbehalten. Es erinnert ein wenig an die heißgeliebte Mütze der Franzosen, während der Hut der Jüngeren den Hauch des Wilden Westens in die Schulen trägt.

Stolz sind sie alle, selbst der Lehrer, der an diesem besonderen Tag in der Woche, an mancher Schule nun ebenfalls mit lustigen Bommeln und Baskenmütze erscheint.

Die Farbe grün steht den meisten dunkelhaarigen Mädchen. So geben etliche Schulen einer Uniform in grüner Ausführung den Vorzug. Es ist die gleiche Machart wie bei der braunen Kluft, nur statt der kurzen Hosen sind es die weiten Röcke, die die nackten Beine der Mädels umspielen und dem Wind eine grössere Chance einräumen, mit seiner kühlenden Brise ihre Trägerinnen zu erfreuen. Auch bei diesem Outfit zieren die niedlichen Bommeln und Fransen die Strümpfe. Zum Glück dürfen die schwarzen Spangenschuhe dazu getragen werden, so müssen die Eltern nur noch die weißen Sportschuhe des „bunten Tages" kaufen.

Bei der Uniform der Mädchen rundet ein kleines längliches Schiffermützchen in der passenden Farbe das ansprechende Bild ab, das keck auf den kinnlang geschnittenen Haaren mit bunten Klemmen befestigt wird. Fehlen nur noch die benötigten Schulbücher, die nicht geliehen werden können. Stifte und Hefte sind günstig über die Schulen beziehbar.

Rechnet eine arme Familie die Kosten für diese Notwendigkeiten, die einfach zum Schulalltag gehören, so kommt für sie eine unvorstellbar hohe Summe heraus. Die Schulsachen ihrer Kinder sind eigentlich Luxusartikel, die sie sich nicht mehr leisten können.

Der Durchschnittsverdienst eines Lohnarbeiters beträgt am Tag nur ca. 150,- THB (Thai Baht) beträgt und für eine einzige Uniform-Garnitur muß das Zigfache bezahlt werden.

Die häufigste Ursache für einen frühen Ausstieg aus der Schule ist der akute Geldmangel in der Familie. So frühzeitig der Schule entrissen, müssen die erst Dreizehnjährigen im Haushalt mithelfen, die Wäsche der Familie im Morgengrauen mit der Wurzelbürste schrubben und auf die Vielzahl der jüngeren Geschwister aufpassen. Nur so können ihre Eltern und die Brüder als Lohnarbeiter auf den Feldern oder auf einer der Baustellen in der Nähe das Geld zum Überleben verdienen.

Im fernen Bangkok gibt es Maschinen, mit denen die anfallenden Arbeiten auf großen Baustellen um ein Zigfaches vereinfacht werden. Aber auch im Isan kann man die eine oder andere Errungenschaft bereits erkennen. Es gibt einen gelben Bagger und einen Traktor, der die Erde verschiebt und eine Dampfwalze oder einen Betonmischer, der die großen Flächen mit seinem breiigen Inhalt füllt.

Metallsägen und andere kleinere Hilfsgeräte sind im Baubereich eine unentbehrliche Hilfe, ohne sie wäre eine sinnvolle Arbeit gar nicht möglich. Ein Bauarbeiter zu sein, ist hierzulande keine reine Männerdomäne. Hier sieht man genauso viele Frauen, die hart auf einer Baustelle arbeiten, um den kargen Lebensunterhalt zu verbessern.

Gestützt wird eine allgemeine Erwerbsmöglichkeit für Frauen durch die Ganztagsschulen. Keine Mutter muss wegen fehlender oder zu teurer Betreuungsplätze auf ihre Berufstätigkeit verzichten und kein Politiker muss sich die Haare raufen im Angesicht eines akuten Kindermangels, wie es in vielen westlichen Ländern der Fall ist. Eine Tatasache kann aber auch im Zeitalter der Emanzipation einfach nicht übersehen werden.

Die männlichen Bauarbeiter verfügen in der Tat über erheblich mehr Muskelkraft als die zart gebauten Arbeiterinnen.So wird der weibliche Teil in erster Linie für Handlangerdienste eingesetzt. Da heißt es für Frauen den Sand, Zementpulver oder feinkörnigen Kies in die bereitstehenden Eimer zu füllen und mit schwungvoller Bewegung in Richtung eines männlichen Kollegen zu befördern.

Dieser stellt die Mischung aus den Materialien in einer Kuhle selbst zusammen, fügt das Wasser hinzu und verwandelt dieses Gemisch mit seiner Hacke in den benötigten Zement. So wird auf den Baustellen in Ruhe und in Frieden miteinander gearbeitet. Es ist eine überschäumende und laute Unterhaltung, bei der man nur noch sprachlos staunen kann, weil man das Gefühl hat, dass jeder Einzelne und doch alle auf einmal miteinander in Kontakt sind.

Jeder weiß es besser, denn jeder hat auf seine Weise Recht.

Reine Handarbeit ist eine besondere Art von Arbeit, die einen Zuschauer immer wieder in Erstaunen versetzt, sie wird auf vielen Baustellen dieses Landesteils noch praktiziert.

Im Norden ist der Grundwasserspiegel so hoch, dass im Häuserbau kein nützlicher Keller ausgehoben werden kann. Hier wird eine kleine Zeitspanne vor dem eigentlichen Baubeginn die Grundfläche des zu bauenden Hauses mit frischer Erde hochgefüllt, die nun Zeit hat, sich mit Hilfe des Regens zu setzen und zu festigen. Manch ein Haus, das zu schnell auf der nicht ausgeruhten Erde gebaut wurde, bekam mit der Zeit immer länger werdende Risse an den Nahtstellen zwischen den Pfeilern und den Wänden und ist irgendwann in der Nacht mit einem leise seufzenden Geräusch in sich zusammengesunken.

Die tiefen Löcher für die Pfosten werden mit der Hacke ausgehoben und die gitterartig geformten Eisenmatten eingesetzt, sodass sehr schnell mit der Verschalung des Ganzen begonnen werden kann.

Die Nahtstellen des Baustahls können nicht mit einem Punktschweißgerät befestigt werden da keines bereitsteht und aus diesem Grund müssen die weiblichen Arbeiter jede einzelne der Stellen von Hand umdrahten, sodass sich daraus doch noch ein stabiles Gerüst ergibt. Sogar die ehemals geraden Stangen dieser Gitter wurden mit Hilfe einer kleinen Maschine zurechtgebogen. Hier, auf diesen kleinen Baustellen im Isan, gibt es keine fertigen Gitter, die geordert und per Lkw von einem Hersteller angeliefert werden können.

Der gut gemischte Zement wird vorsichtig in die hölzerne Verschalung eingefüllt, um Luftblasen zu vermeiden. Tage später sind die perfekt aussehenden Pfeiler zu bewundern, die mit ihren nach oben ragenden Metallspitzen die Landschaft zieren. Die Seitenwände werden in einem flotten Tempo hochgezogen, sodass die schräg nach oben laufenden dicken Eisenträger, von Männern mit ihren dunklen Brillen, am spitzen Ende der Pfeiler angeschweißt werden können. Mit dem Anbringen der leicht gewellten silberfarbenen Aluminium oder Zinkplatten oder den hellgrauen Ziegeln auf den Dachträgern findet der Häuserbau einen Abschluss in seiner einfachsten und billigsten Ausführung.

Wer Glück hat ist nicht auf eine harte Lohnarbeit angewiesen. Es gibt Menschen, die einen kleinen Lebensmittelladen direkt bei ihrem Haus ihr Eigen nennen können, oder andere Familien, die am Straßenrand an einem selbst gebauten Stand aus Holz, in großen Töpfen kräftig dampfende Suppe und andere Köstlichkeiten den Vorbeikommenden zum Kaufe anbieten. Sie verzieren den gemeinsam benutzten Wohnraum und vielleicht sogar noch das daneben liegende Schlafzimmer mit einer Decke aus stuckgeprägten rosa oder weißen Gipsplatten. Es ist eine optisch reizvolle, aber auch die Tiere abhaltende Zwischenwand. Selbst der Traum von bunten kühlen Fliesen auf dem grauen Zementboden kann nun in Erfüllung gehen.

Mancher Mann, der arm geboren wurde, wählt für sich und seine Familie einen Weg, der zu Anfang das große Glück und den ersehnten Geldregen verspricht, der aber für viele schon zum schrecklichen Fiasko wurde. Es ist der Weg, der nach Taiwan oder ins nahe Ausland führt. Dazu muss eine hohe Kaution beim zukünftigen Arbeitgeber hinterlegt werden und es ist oft Geld, das die gesamte Familie mühevoll zusammengespart hat, oder durch einen teuren Kredit aufgenommen hat.

Gerät er nun an einen unehrlichen, ausbeuterischen Arbeitgeber und kommt aus diesem Grund nach Jahren harter Arbeit ohne Lohn zurück, dann ist das Elend und der Jammer groß.

Ebenso schlimm ist es für den Mann, der seine Ehefrau in den Armen eines Anderen findet und somit all seine Mühen für ein besseres Leben umsonst waren.

Findet der Auslandsarbeiter einen fairen und ehrlichen Chef bei einer guten Firma, so darf er jeweils für zwei Wochen im Jahr seine Familie besuchen und sich von der anstrengenden Arbeit erholen, bevor er mit einem vollen Geldbeutel und dem Glücksgefühl, es tatsächlich geschafft zu haben, für immer in die offenen Arme seiner Lieben heimkehrt.

Einer Existenzgründung in Form eines Restaurants oder eines eigenen Geschäftes steht nun nichts mehr im Wege.

In diesem zerschnittenen kleinen Dorf leben ganze Clans, die zusammen mit ihren Kindern ins ferne Bangkok gehen, um in anstrengender, körperlicher Arbeit das Geld zu verdienen, um ein Haus für jede ihrer Kleinfamilien bauen zu können. In ihrem Fall kommt das Prinzip Großfamilie für alle positiv zum Tragen, das bedeutet: -- Alle für einen, einer für alle --.

So fahren sie gemeinsam für drei, vier oder fünf lange Monate in die Hauptstadt und verdienen sich unter vielen schmerzhaften Entbehrungen einen für ihre Verhältnisse stattlichen Betrag, der für den weiteren Ausbau der einzelnen Häuser verwendet wird.

Greift bei den noch kleinen Kindern die Schulpflicht in das Arbeitsleben der Familien ein, dann stellt auch dieses neu auftretende Problem keine großen Schwierigkeiten dar. Die Großeltern, die während der langen Abwesenheit ihrer Söhne und Töchter bereits das familieneigene Haus gehütet haben, dehnen ihre bisherige Aufsicht nun auf die schulpflichtigen Enkelkinder aus. Aber auch die von der neuen Art des Lebens betroffenen Kinder haben kein schlimmes Heimweh nach den Eltern, sie sind sich der Notwendigkeit des Geldverdienstes voll bewusst – auch sie profitieren ja davon – und bleiben ohne viel zu murren bei den meist liebevollen Großeltern im Haus. Mit frohem Mut gehen sie in die Schule und helfen am Abend fleißig bei den anfallenden Arbeiten im und um das Haus.

Die Eltern wohnen oft in einer sehr einfach gebauten Unterkunft direkt neben der jeweiligen Baustelle in einer winzig kleinen, zusammengenagelten Blechhütte. So wachsen viele Kinder ab einem bestimmten Alter zwar liebevoll betreut bei ihren Großeltern auf, aber ohne die ständige Anwesenheit der Eltern.

Für den Frieden einer intakten Gemeinschaft sind manche „ehrgeizigen" Familienverbände eine nicht zu unterschätzende Gefahr, da sie das Konkurrenzdenken innerhalb des Dorfes kräftig anheizen, wenn sie mit ihrer Suche und dem Fangen eines oder gar mehrerer Farrangs die anderen ausbooten und in den Schatten stellen wollen. Es sind die Skrupellosen und Habgierigen, deren egoistische Denkweise die gesamte Familie in den finanziellen Ruin treibt.

Denn das Gute im Leben der Menschen siegt schließlich immer, auch wenn es oft nicht so scheint.

Es gibt einen Großclan in diesem Dorf der in sehr ärmlichen Verhältnissen lebt. Ohne Landbesitz und als Behausung für alle gibt es nur ein kümmerliches, sich schon im Zustand des Verfalls befindliches altes Holzhaus. In dem ist nur die Großfamilie der Holzwürmer zahlreicher als das Elternpaar mit seinen vielen Kindern.

Früher lebten diese Menschen am Rande der Berge und nur durch die gelegentliche Tagelohnarbeit des Vaters bekam die Familie das Allernötigste zum Essen. Fische, Käfer, essbare Wurzeln oder Blätter, ein nährstoffreiches Zubrot zum alltäglichen Klebereis, musste die geplagte Mutter mit ihren kleinen Kindern in der näheren Umgebung suchen gehen. Süßigkeiten aus dem Dorfladen oder gar eigene Schulschuhe waren nur ein phantastischer Wunschtraum der vielen Geschwister, wie ein Märchen.

Oft schauten sie auf die schöne, begehrte Fußbekleidung der anderen, aber sie lernten schnell und schmerzhaft, was für sie möglich war und was für lange Zeit eine unerfüllbare Vorstellung bleiben würde. Der Vater, ein von Natur aus fauler und bequemer Mann, zeigte sich nur in einer besonderen, für ihn sehr wichtigen Hinsicht ausdauernd und erfolgreich. Neun Kinder hat ihm seine Frau gebären müssen, von denen nur die Stärksten überleben durften.

Drei Buben (Tschan, Bun, Amphon) und zwei Mädchen (Shird, Suai) sind ihm von seinen neun geplanten Arbeitskräften der Zukunft geblieben. Sie sollen einmal, in späteren Zeiten, ihre Eltern mit allem Nötigen und Wünschenswerten versorgen, so ist das Ansinnen des Vaters. Es ist die Rente der Zukunft, so denken noch die Engstirnigen, die an das, was schon immer war, glauben.

Die Familie stand nun vor dem Problem, dass die Kinder auch zur Schule gehen sollten, zumal der Vater, von einer schweren Krankheit gezeichnet, seine Ehefrau mit den vielen, immer hungrigen Mäulchen im Falle seines Todes alleine und verlassen in der Einsamkeit dieses Bergdorfes zurücklassen müsste. Durch die Hilfestellung der zwei Geschwister väterlicherseits fand die Familie mit ihrer armseligen Habe ein neues, wenn auch sehr bescheiden ausfallendes Domizil.

So bahnte sich das Leben seinen Weg und aus den Kleinen wurden die ersehnten Arbeitskräfte, die auf Grund ihrer zu kurz ausgefallenen Schulausbildung, genauso wie der Vater, nur den Verdienst eines Tagelöhners mit nach Hause bringen konnten. Gemeinsame harte Arbeit der Geschwister im fernen Bangkok brachte der Familie die stolze Möglichkeit, das Land, auf dem das immer schräger werdende Holzhaus auf Stelzen stand, nun käuflich zu erwerben. Die Zeit nahte, in der auch der älteste der Brüder (der bisher als Mönch in einem Wat gelebt hat), mit dem Gedanken spielte, sich eine liebevolle Gattin in das gemeinsame Haus zu holen.

Drei heiratswillige Söhne hintereinander, die Jüngere der beiden Mädchen noch nicht so alt, dass die Eltern nach einem zahlungsbereiten Ehemann hätten Ausschau halten können und die Ältere der beiden mit einem weit verbreiteten Makel: einem Kind ohne Vater. Ein kleines Zubrot aus ihrer Goldgräberzeit in Bangkok.

Es gibt mehr als genug dieser armen Frauen, die bei einer Heirat nicht teuer kommen und für die Söhne der Familie erschwinglich sind. Die beiden Älteren waren bald unter die Haube gebracht. Besonders günstig war es bei dem Erstgeborenen Tschan, dem früheren Mönch, der sich für eine Frau entschied, die in jüngsten Jahren mit einem Mädchen beglückt und von ihrem Liebhaber sitzen gelassen worden war.

Der Zweitgeborene Bun fand das große Glück des Lebens auf einem anderen, ebenso kärglichen Dorf und beide Söhne zogen kurz nach ihrer buddhistischen Vermählung mit ihren Frauen zu deren Familien aufs Land.

Auch die beiden Mädchen fanden mit der Zeit ihren Weg in eine Ehe und selbst die Ältere, mit ihrer kleinen Tochter Mon, heiratete den Mann ihrer Träume. Es ist keiner aus dem Isan, sondern ein Fremder aus dem Bangkoker Becken. Für die Eltern war das kein Problem, Hauptsache die Kasse stimmte und sie bekamen für ihre verlorenen Söhne eine andere, vielleicht sogar eine fleißigere Arbeitskraft dazu.

Manchmal passiert es im Leben, dass nicht die Regel, sondern die Ausnahme gelebt wird. So heiratete das eine Paar mit Unterschrift und Siegel auf dem thailändischen „Standesamt", da der neue Ehemann aus Bangkok nichts mit dieser rückständigen Tradition einer buddhistischen Trauung anfangen konnte. In seinem Fall gilt bei einer Trennung der beiden das allgemeine Gesetz, das jedem die Hälfte der gemeinsam erwirtschafteten Güter zuspricht. Wo keine Papiere vorhanden sind, bleiben alle erarbeiteten Dinge bei der getrennten Frau und ihrer eigenen Familie.

Die jüngste Tochter der Familie fand einen Mann in einer weit entfernten Stadt und lebt dort mit ihm und ihrer Tochter June bei dessen Eltern in deren eigenem Haus. Kein leichtes Los, das sie als Schwiegertochter der Familie zu ertragen hat, da man als Tochter in der sozialen Rangfolge höher steht als eine nur angeheiratete Schwiegertochter und die das auch von anderen Mitgliedern der Familie zu spüren bekommt.

Nun lebten in dem alten Holzhaus, zusammen mit den Eltern, nur noch die verheiratete älteste Tochter mit Mann und Kind und der jüngste der Brüder, das Sorgenkind und schwarze Schaf der Familie.

In späteren Zeiten wird er einmal erzählen, er wäre nur durch sein schweres Schicksal, die bittere Armut und den Verzicht auf vieles, was für andere Kinder eine Selbstverständlichkeit war, auf diese schiefe Bahn geraten.

Eine thailändische Großfamilie, besonders auf dem Land, hält in jeder Lebenslage wie Pech und Schwefel zusammen und ein angeheirateter Farrang wird immer nur von außen an solch einen Familienverband heranschauen können und dabei niemals ganz schlau werden aus den Dingen, die zwar vor seinen Augen, aber innerhalb des Clans passieren.

Amphon, der jüngste Sohn des Hauses wurde von seinen Eltern weit weg in ein Dorf vermählt. Durch seine verübten Straftaten schrumpfte aber die Auswahl an heiratswilligen Mädchen sehr zusammen. So musste er die Frau nehmen, die sein Vater für ihn ausgesucht hatte, mit einer Bedingung, die für den Rest der Familie sehr schwer zu verstehen war.

Die von den Eltern des Mädchens geforderte Brautsumme war enorm hoch, sodass die Familie das eigene Stückchen Land verkaufen musste, was sie dem sonst geliebten Bruder bis heute nicht verziehen haben. Aber auch hier zählt wieder nur der Wille des Vaters. Eine reizvolle junge Frau aus besserem Haus war sie in jedem Fall, aber auch sie hatte einen schweren Makel. Durch eine Krankheit in früheren Tagen war sie nicht mehr in der Lage, Amphon die ersehnten, für ihn so wichtigen Kinder zu schenken.

Es ist ein schlimmer Umstand, der ihm sehr viel mehr Probleme bereitete, als er es sich vor seiner damaligen Vermählung eingestanden hatte, da er mit fortschreitender Sicht auf sein näherrückendes Alter keinen Versorger für seine Zukunft erkennen konnte.

Der Vater war das größte Vorbild für ihn. Amphon trat in die Fußstapfen desselben und brachte seiner Frau und der Familie nicht annähernd den ersehnten Geldregen eines fleißig arbeitenden Schwiegersohnes ins Haus. Viel lieber lag er bequem im Gras und passte auf die wenigen Kühe der Familie auf, damit kein anderer sie versehentlich mit seinen eigenen verwechselte und fortführte in den heimatlichen Stall.

Die Tage verflogen im immer gleichen Ablauf angenehm, aber die Abende und Nächte entpuppten sich als immer ungeselliger, da seine Ehefrau nicht länger die Faulheit ihres Mannes stillschweigend ertragen wollte. Heftiger und lautstarker Streit war an der Tagesordnung und wer schon einmal einer wütenden und aufgebrachten Thaifrau gegenüber gestanden hat, der kann vielleicht einen Mann verstehen, der im Genuss seines täglichen Schnapses die Zuflucht im Vergessen sucht.

Frau weg - Familie weg - Grundstück weg – so ergeht es allen Männern, die sich nur von einem gläubigen Mann aus dem Dorf buddhistisch trauen lassen und den eigentlich normalen Weg der amtlichen Vermählung scheuen.

Es ist wie der magische Bann des Bösen der ausgelöst wird durch den alles vernichtenden Whisky. Verbunden mit Rauschmitteln anderer Art, bewirkt er in einem gesunden Geist eine Krankheit, die mit ihren Auswirkungen das normale Leben für immer verändern oder gar zerstören kann.

Auch Suai, die jüngere der beiden Schwestern hatte sich von ihrem Mann getrennt und war mit ihrer kleinen Tochter June in das krumme alte Haus der Eltern ins heimatliche Dorf zurückgekehrt.

Viele Kinder viele Sorgen – mancher aber, und derer gibt es viele im Isan, machen einen anderen Spruch daraus:

Viele Kinder, hübsche Mädchen, keine Sorgen!

Es gibt einen besonderen Wettstreit unter den Familien, bei dem sie versuchen, einen oder gar mehrere Farrangs in den eigenen Familienverband „aufzunehmen“. Das ist eine gesellschaftlich völlig akzeptierte Sitte.

Allerdings zeigt sich in ihren Augen das Wort „aufnehmen“ in einem anderen Licht als wir es mit unserem westlichen Gedankengut verstehen.

Es bedeutet, dass ihr weißer Angetrauter bei Ihnen leben darf. Die Voraussetzung dafür ist der Bau von einem oder gar mehreren Häusern, die er selbst bezahlen muss, während der großzügige Unterhalt der gesamten Familie und die absolute Anerkennung der Machtposition des Oberhauptes zu seinen vorgeschriebenen Pflichten gehören.

Patthaya, Phuket, Koh Samui – überall gibt es für die liebreizenden Mädchen aus den Familien im Isan die Möglichkeit, einen Farrangs zu finden und nach Möglichkeit in dessen Land als Ehefrau auszureisen, um von dort die daheimgebliebene Familie angemessen versorgen zu können.

Andere Frauen bevorzugen die etwas älteren, aber durchaus noch rüstigen Männer mit ihren festen monatlichen Renten, auf die sich „Familie“ in jeder Lebenslage verlassen kann. Aber auch die Herren, meist jünger an Jahren, die hier im eigenen Land durch die Kraft des Computers eine gutbezahlte Arbeit haben, sind ein vielgejagtes Objekt in dieser turbulenten Szene der Vermählung.

Dabei ist es für keines der Mädchen wichtig, ob dieser Mann hässlich oder schön ist. Selbst wenn er ein schlimmes Gebrechen hätte oder sexuell nicht mehr ganz auf der Höhe wäre, hier findet jeder Mann die Frau seiner Träume, egal wie jung er sie auch haben mag.

Für all diese thailändischen Frauen ist nur eine Tatsache von Bedeutung – ihr auserkorener Mann sollte in der Lage sein, sie und ihre Familie in ihrem täglichen Bedarf großzügig und absolut willig zu unterstützen.

Auf eine kräftige Unterstützung spekuliert jedes suchende Mädchen, war es doch der Grund, weswegen sie ihre schützende Familie weit weg im Isan verlassen hat, um hier in dieser fremden Welt den Männern ihren Körper für dessen lustvolle Vergnügungen zur Verfügung zu stellen.

Und dieser Bedarf an finanzieller Zuwendung kann sich schneller als gedacht um ein Zigfaches erhöhen, und zu der

Zeit, wenn diese berechnenden Wesen die eigentliche Katze aus dem Sack lassen, gibt es nur zwei Möglichkeiten für den bereits im Netz der Familie zappelnden weißen Mann.

Wenn er im ersten Fall die ihm gestellte Falle bemerkt, lässt er schnell das liebreizende Mädchen wie eine heiße Kartoffel fallen. So kann er das Leben weiterhin genießen, indem er einfach eine andere Lotosblume pflückt, die in großer Auswahl in der nächsten Bar auf Beute lauern und es bleibt ihm viel erspart. Besonders sein aufatmender Geldbeutel macht bei diesem Gedanken Luftsprünge und dankt es ihm, der allgegenwärtigen Gefahr fürs Erste entronnen zu sein.

Selbst sein bisher ausgeglichenes und stabiles Nervenkostüm behält die weiche und belastbare Form. Anders als bei demjenigen, der den blinden Weg der Liebe geht und sich nicht nur die Finger, sondern gleich die ganze Hand dabei verbrennt. Diesem Mann steht ein harter, steiniger, für ihn noch nicht erkennbarer Weg des Leids bevor.

Natürlich gibt es auch die ehrlichen Frauen, die es gut mit ihrem angetrauten Mann meinen, die ihn nach besten Kräften versorgen und zu ihm in allen Situationen stehen, auch wenn es nicht zum Wohle der Familie und insbesondere nicht für die Bequemlichkeit des Vaters dienlich ist.

Aber diese guten Ehefrauen findet man in keiner GoGo Bar, Nachtclub oder den Hochburgen der Touristenstädte im Süden des Landes. Im seltensten Falle ist es die Tochter aus einer dieser Landfamilien im Isan.

Nein, sie leben inmitten der normalen Städte. Hier werden sie gesehen und erzählen ihre eigenen Geschichten. Sie alle kennen dieses schwerwiegende Problem und schämen sich unendlich für diese scheinheiligen und verlogenen Familien.

Menschen aus den Städten sprechen über diese Art der Landbevölkerung nur in verächtlich klingendem Ton und sind nicht einmal bereit, den auf dem Lande üblichen Isaner Dialekt zu sprechen.

Auf der einen Seite musste ein erst 13-jähriges Mädchen, wegen einer einzigen Verfehlung heiraten. Auf der anderen Seite suchten ihre Großeltern damals die hübscheste Tochter der Familie aus und die eigenen Eltern schicken diese kleine Schönheit in ihren jungen Jahren bewußt als Prostituierte und mit dem Auftrag, einen Farrang zu „fangen", in die Sex Metropole im Süden ans Meer.

Was bleibt so einem kindlichen Mädchen übrig als zu tun, was von ihr verlangt wird? Von klein auf wurde jedem beigebracht, dass die Familie an erster Stelle kommt und dass es Aufgabe ist, die Eltern in ihrem letzten Lebensabschnitt zu versorgen. Wenn sich ein junges Ding die Zuneigung des zahlungskräftigen Farrangs mit ihrem knabenhaft schlanken Körper erarbeitet hat, kann sie sicher sein, dass sie unter den weiblichen Familienmitgliedern den Rang der „NUMBER ONE" erwirbt. Darauf ist jedes kleine Töchterchen stolz und spielt die Machtposition auch kräfig gegenüber den anderen in der Familie aus.

‚ICH habe diese Melkkuh, den Farrang zu uns gebracht, nun müsst ihr anderen alles tun was ICH will. ICH habe nun das Sagen und kann mit dem Geld MEINES Mannes euch helfen oder auch nicht – also seid mir ohne Widerstand zu Diensten.'

Alle springen und dienern vor dieser kleinen „number one", denn jeder aus der Familie will etwas von dem großen leckeren Kuchen für seinen leeren Geldeutel haben. Natürlich auf Kosten des neuen weißen Mitglieds. Ganz ohne das eigene und anstrengende Zutun soll sich ihr Lebensstandard um ein Vielfaches erhöhen.

Hat es dieses durchtriebene kleine Thaimädchen mit Tränen oder ähnlich wirkenden Tricks geschafft, ihren jungfrauenhaft Ahnungslosen auf das Land und in das armselige kleine Dorf zu lotsen, dann kann sie meistens ihrer Sache sicher sein. Das leicht beeinflussbare und liebevolle Herz des gutverdienenenden Farrangs öffnet sich und er wird versuchen, die allergrößte Not, die sich vor seinen Augen ausbreitet, ein wenig lindern zu helfen.

Sollte es aber so sein, dass der gefangene weiße Mann seinen Geldbeutel verschließt, dann ist auch das kein Problem für die Familie. Es gibt mehr als genug von diesen „blauäugigen" naiven Neuankömmlingen im Land, die man so leicht in die Falle der Liebe locken kann.

Gegen eine Hilfestellung ist in der Regel gar nichts einzuwenden. Warum sollte einer, der auf der sonnigen Seite des Lebens geboren wurde, nicht einer armen und vom Schicksal geplagten Familie in ihrer schrecklichen Armut helfen?

Wenn es im Rahmen des Machbaren bleibt ist es ein gute Sache. Es ist aber etwas anderes, wenn alle gerade an diesen hilfsbereiten Menschen sich bereichern. Wenn sie immer mehr haben wollen und gar nicht mehr aufhören können, ihr Gegenüber bis auf das letzte Hemd auszunehmen, ihn wissentlich belügen und betrügen.

Das Schicksal der Familie nimmt seinen Lauf und der jüngsten Tochter Suai wird von den Eltern die ehrenvolle Aufgabe erteilt in einer der Sexmetropolen am Meer nach einem weißen wohlhabenden Mann zu suchen der bereit ist, die finanziellen Probleme der gesamten Familie zu lösen.

Obwohl sie schon einen netten, in seinem Sinne ausreichend helfenden Mann als Geldquelle an sich gebunden hat, ist sie immer noch auf der Suche nach dem schönen Prinzen aus 1001 Nacht, der hoffentlich Alles für sie zahlt.

Sie schafft es. Sie trifft den Mann der das mitleidigste Herz hat, der über die ausreichenden finanziellen Mittel verfügt und der in keiner Weise einem Geizkragen ähnelt. Es gelingt Suai mit bezahltem Sex, listigen Tricks und reichlich fließenden Tränen, diesen im Lande arbeitenden Farrang dazu zu bewegen, mit ihr einen Besuch im kleinen, ärmlichen Dorf der Familie zu wagen.

Was ihn bei diesen Menschen erwartet, hat er sich in keinem seiner kühnsten Träume jemals vorstellen können. Den Vater von Suai, der vor einem immer höher gewordenen Schuldenberg steht, hat er vor dem drohenden Gefängnis bewahrt. Es ist eine Regel, dass bei Nichtbezahlung eines Kredits der Unterzeichner nach einer bestimmten Zeit die Summe in einem der schlecht ausgestatteten Gefängnisse zu einem sehr geringen Tagessatz absitzen muss. So geht es vielen Familienvätern die glauben, ihre Lieben durch die Zuhilfenahme eines Kredits versorgen zu können, den sie aber ohne eine geregelte Arbeit niemals zurückbezahlen können.

Schon da strebt der Vater nach Höherem und hat viel im Sinn mit seinem eigenen und willigen Farrang in der Familie, den man auf keinen Fall mehr verlieren und aus den Fängen lassen darf.

Durch die Unterstützung seiner Tochter und mit der Freundlichkeit und dem Charme der ganzen Familie gelingt es ihm leicht, Jake davon zu überzeugen, dass hier im Dorf der richtige und willkommene Platz für ihn sei, da er schon immer Sehnsucht nach einer großen und intakten Familie hat. Für seine tägliche Arbeit am Computer stellt es kein Problem dar, von welchem Ort der Erde sie gemacht wird. So erliegt Jake dem umwerfenden Charme der Kinder mit ihren großen Kulleraugen, die ihn sofort als ihren eigenen Daddy erkennen, den verheißungsvollen Liebesversprechungen und dem Gefühl, endlich in einer liebevollen Familie einen sicheren Platz für immer gefunden zu haben. Mit Hilfe seines gut und regelmäßig fließenden Verdienstes baut er ein schönes Areal von Häusern auf. Ein kleines Dorf im Dorf, da der geschäftlich denkende Vater die Gunst der Stunde nutzt und alle seine weit verstreuten Kinder, samt Kindeskindern, wieder nach Hause in die Familie holen kann.

Dieser stolz daherkommende Thaimann, ist nun das mächtige Oberhaupt einer immer größer werdenden Familie, geschätzt von den anderen aus dem Dorf, da er zu dem Zeitpunkt bereits sehr großzügig mit dem verdienten Geld seines inzwischen buddhistisch verheirateten Schwiegersohnes umgeht. Sollte dieses sonst so gefügige, neue Mitglied der Familie zuviel der heimlichen Tätigkeiten seines Schwiegervaters wissen wollen, so ist es ein Leichtes für seine thailändische bessere Hälfte, ihn vom „Richtigen“ zu überzeugen. Da aber die normalen und mit viel Überzeugungskraft hervorgebrachten Argumente Jake immer seltener ausreichen, weil sie ohne erkennbaren Sinn sind, greift sie zu dem schon in früheren Zeiten sehr hilfreichen Mittel, ihren reichlich fließenden Tränen. Hilfreich erscheinen ihr auch die gefährlichen, aber nicht ganz ernst gemeinten Drohungen, sich durch die eigene Hand das unverstandene Leben zu nehmen.

Welcher Mann würde in so einem ernsten Augenblick an eine raffiniert gestellte Falle glauben? Welcher Mann möchte ein solches Risiko eingehen und vielleicht am Ende dieses unglückseligen Tages mit einer nicht zu verarbeitenden Schuldenlast auf seiner Seele dastehen?

Für den gutmütigsten Mann ist irgendwann das Ende der Fahnenstange erreicht und er sucht klare, unmissverständliche Angaben, was die Handhabe seines von ihm erarbeiteten und von den anderen großzügig ausgegebenen Geldes betrifft.

Bohrt er dann zu kräftig nach diesen Wahrheiten, dann gibt es nur noch eine einzige, sehr effektive Möglichkeit, den neugierigen Farrang zum Schweigen zu bringen.

Und ein Farrang, ein Außenseiter, ist man immer. Dieser Status bleibt jedem Weißhäutigen, ob Mann oder Frau, ein Leben lang erhalten. Der ursprüngliche und fest zusammenhaltende Kern des thailändischen Clans bleibt unter sich und der Fremde mit seiner anderen Kultur findet niemals Zugang. Besonders dann nicht mehr, wenn er anfängt, den Geldhahn zuzudrehen.

Die Szene einer wütenden Thaifrau ist überaus sehenswert. Dieses zarte Wesen, das in unserer westlichen Welt als anschmiegsame und ihrem Angetrauten vollkommen ergebene Frau gilt, die von einsamen Männern per „Katalog" geordert und bezahlt werden kann.

Zu Beginn des Ausbruchs ist es noch leise, im Beisein der gesamten Familie und Suai ist sich ihrer seelischen Unterstützung sicher. Später, im eigenen Wohnbereich, findet sie kein Ende mehr und Jake muss sich immer öfter fragen, ob er bald die Augen öffnen darf und beim Umdrehen im eigenen Bett feststellen kann, dass dies alles nur ein Alptraum ist.

Wieviele von diesen nervenaufreibenden und teilweise öffentlichen Szenen der geplagte und immer noch freigiebige Mann erleben muss ist nur ihm allein bekannt.

Es ist eine wirkungsvolle Methode in den Augen von Suai, ihre egoistischen und verlogenen Ziele für die Familie erfolgreich durchzusetzen. Aber auf dem Weg hat sie ihn und seine Liebe auch für immer verloren.

Aus seinem guten Herzen heraus hat Jake für all diese Menschen Wohnraum geschaffen, den sich die einzelnen Familien niemals hätten leisten können.

Es ist ein kleines Dorf am Rande des großen Dorfes mit einem herrlichen Ausblick auf die Reisfelder geworden. Der

Mittelpunkt ist sein eigenes Reich, das er für sich und Suai mit ihrer kleinen Tochter June gebaut hat. Hier fühlt Jake sich wohl, umgeben von „seiner" Großfamilie, die er zu diesem Zeitpunkt noch als absolut ehrlich eingeschätzt hat.

Verbunden mit seinem eigenen Haus, in Richtung Garten gehend, steht das ursprünglich gebaute Holzhaus auf Stelzen, bei dem die offenen Seiten mit grauen Blocksteinen zu einem einzigen Raum gemauert sind. Die Wände werden von außen schön verputzt und mit weißer Farbe frisch gestrichen, im Innenraum zieren den Boden und die Wände herrlich anzusehende Fliesenplatten. Es ist ihm nichts zu teuer, denn Jake will für seine neue Familie alles tun was in seiner Macht steht, sie für ihr früheres elendes Schicksal reichlich entschädigen. Besonders den alten Eltern von Suai will er einen bequemen und sorgenfreien Lebensabend in einer schönen Umgebung, mit viel gutem Essen bieten.

In diesem prachtvoll gebauten Raum mit edlen Möbeln aus dunkelbraunem Holz wohnt nun das Oberhaupt Poh Peng mit seiner Ehefrau Maeh Bun.

Auch die kleine Thai-Tochter aus erster Ehe von Suai findet ihr Kinderzimmer, das sie schwesterlich mit ihrer Cousine teilen will. Jake will gar nicht mehr aufhören die Familie zu verwöhnen. Er gibt mit leichtem Herzen dem ständigen Drängen der Familie nach. Seiner Schwägerin Shird, der Schwester von Suai und deren Mann Tinagon Intawong, baut er ein eigenes, freistehendes Haus. Es hat einen großen Wohnraum in der Mitte, ein extra gelegenes Schlafzimmer für die Eltern und eine Küche mit allem was dazugehört. Der Toilettenraum mit eigenem Waschplatz wird in der Regel außerhalb des eigentlichen Hauses gebaut, da er als unrein gilt.

Noch immer ist die Familie nicht zufrieden und hört nicht auf zu betteln. Jeder Bruder von Suai möchte ein ganzes Haus für sich alleine haben, eingetragen mit Brief und Siegel im blauen Hausbuch der Behörde. Schriftlich lesbar soll es für jeden sein, wer der Eigentümer des neuen Hauses ist.

Selbst das Große Grundstück, das Jake durch die finanzielle Hilfe von Tines Vater gekauft hat, trägt im blauen Hausbuch den Namen von Jakes Frau.

Das besondere Stück Land liegt ein paar Kilometer außerhalb des Dorfes und besteht in seinem hinteren Teil aus weitläufig angelegten Reisanbauflächen, deren hoher Ertrag die Bedürfnisse der Familie deckt. Selbst hier hat die Familie eine Unersättlichkeit, besonders aber das Oberhaupt.

Niemals zufrieden ist der Vater Poh Peng mit dem, was er von Jake an gutem Essen und Taschengeld bekommt. In seiner Gier veranlasst er Tinagon Intawong, einen Teil der gemeinsamen Reisernte hinter Jakes Rücken zu verkaufen. Das Geld steckt er in seine eigene Tasche, die ein Loch zu haben scheint, so schnell rinnt das Geld durch.

Ohne schlechtes Gewissen macht der Vater, noch vor der nächsten Ernte und angesichts des leerer werdenden Reishauses Jake den unmissverständlichen Vorwurf, seine Mitarbeiter vom Molam, das er gegründet hat, würden zuviel vom familieneigenen Reis bei ihren Proben essen. Aus diesem Grund müsse Reis für den eigenen Familientisch zugekauft werden, auf wessen Kosten - das muss hier nicht mehr erwähnt werden.

Tine und ihr 12-jähriger Sohn Roger wurden vor kurzer Zeit auf seltsamen Wegen ins „Land der Glückseligkeit" gebracht und sind Mitglied der Großfamilie geworden. Steht Tine im vorderen Teil des Grundstücks und schaut sich aufmerksam um, dann sehen ihre Augen die gut bestückten großen und kleinen Fischteiche, die reich tragenden Bananenstauden und die mächtigen Kokospalmen mit ihren saftig grünen und den reifen braunen

Früchten in der Mitte der Kronen. Rund um die beiden größeren Teiche stehen in regelmäßigen Abständen weit ausladende Mangobäume, die unter der schweren Last ihrer grünen reifen Früchte zusammenzubrechen drohen.

Ein selbstgebautes Toilettenhäuschen aus gewelltem silbernen Blech und ein schiefes Holzhaus stehen an der Seite des Weihers und dienen den Menschen als Koch- und Schlafplatz um während des Reisanbaus zu ruhen und die Nächte zu verbringen. Ganz vorne, am Eingang des mit Stacheldraht umgeben Landes, hat Jake ein Steinhaus gebaut. Auf diesem großzügigen Land will er mit Tine ein Dorf für Kinder ohne Eltern aufbauen. Es soll das „Tschau Poh Lungrad (lomphulat) Kinderdorf" werden, benannt nach dem Schutzheiligen des Dorfes.

Dieser lebte vor über 125 Jahren und half den Menschen in der Not, wies niemanden ab. Zu seinen Ehren und aus Dankbarkeit für alles was er aus Liebe zu den Menschen tat, soll in der Zukunft dieses Waisen–Kinder–Dorf seinen Namen tragen.

300 Kinder sollen hier ein friedliches und liebevolles Zuhause haben, in dem sie jeden Tag Frühstück, Mittagessen und Abendbrot bekommen. Eine gute Betreuung soll gewährleistet sein und jedes Kind sein eigenes Bett und einen eigenen Schrank ganz für sich alleine haben. Kleine Häuser mit einer eigenen Toilette und einem Duschraum sollen es sein, die für sechs bis acht Kinder genug Platz bieten, an dem sie sich wohl fühlen und wo sie geborgen sind. So bekommen sie die Chance, als gute und rechtschaffene Erwachsene ihren Platz in der Gesellschaft finden zu können.

Jake hatte auch diese halb zerfallene Gedenkstätte, eingebettet zwischen den hohen schattigen Bäumen des nahen Waldes, liebevoll und mit viel Mühe in den jetzigen, begehbaren Zustand versetzt.

Das ursprüngliche Gedenkhaus stützte er mit Latten aus Holz ab und auf dem Waldboden davor schuf er eine große zementierte Fläche. Er plättelte den Ort mit roten Fliesen, der Lieblingsfarbe von Lomphulat.

Kommt Tine nun auf ihrem Weg vom unteren Teil des Dorfes herauf gelaufen und überquert die stark befahrene Straße, dann betritt sie den erdigen Weg, der an einem großen Bambushain auf der rechten und reichlich tragenden Bananenstauden auf der linken Seite vorbeiführt. Am Ende des Weges ist der Eingang zum Wat. Es ist ein einfacher Tempel, wie er in jedem Dorf zu finden ist.

Auf gleicher Höhe mit den großen und kleinen Wasserbüffeln, die die kühle Nacht zusammengepfercht in einem Gatter verbringen müssen, zweigt ein enger, dicht bewachsener Weg nach links in Richtung der Reisfelder ab. Tine geht ein kleines Stück an der Tempelmauer entlang und erreicht einen Holzsteg. Zusammengezimmert aus dicken Balken überbrückt er eine nicht sehr tiefe Schlucht.

Dieser Steg verbindet mit dem sauber gekehrten Weg, der sich an den vielen verschnörkelt aussehenden Bäumen vorbeischlängelt, zu einer hellen Lichtung am Ende des Pfades.

Hier, mitten im kühlen Wald steht das kleine Gedenkhäuschen. Es ist mit duftenden Blumen und roten Kerzen liebevoll geschmückt. Es wird besucht und verehrt von den Menschen des Dorfes. Sie laden ihren Schutzpatron zu einem Festmahl ein, das sie in regelmäßigem Abstand bei ihm, dem Helfer aus früherer und heutiger Zeit, abhalten. Ihm zu Ehren mit einem frischgekochten Schweinekopf.

Das Kinderdorf ist eine Vorstellung, mit der sich Jake und Tine schon lange Zeit beschäftigen und die sie beide nicht wieder losgelassen hat. Das Projekt haben sie mit ihren eigenen Händen und den ersten selbst verdienten Mitteln begonnen. Dieses Dorf soll einmal mit Hilfe großherziger Menschen aus aller Welt mit kleinen und großen Kindern gefüllt sein, die eine gute Zukunft vor sich haben.

Da Jake sein weiches Herz noch immer nicht verschließen kann, ermöglicht er den beiden bettelnden Brüdern Tschan und Bun, mit ihren Familien in einem neuen Haus zu wohnen.

Keiner der Familie hat sich je getraut, die Macht des Vaters anzuzweifeln. Deshalb erlaubt er sich die verrücktesten Dinge zu Gunsten der Familie, und für seine eigene Würde zu tun.

Jake ist fasziniert vom Buddhismus und setzt sich intensiv mit der Ausübung desselben auseinander. Im Ältesten der Söhne findet er einen guten und wissenden Lehrer, da dieser die Erfahrungen eines Mönchs aus seiner Zeit im Tempel an ihn weitergeben kann. Auch der Vater und Amphon sind in der Ausübung der Religion auf ihre Weise stark.

Eines haben die Eltern ihn, den Farrang, als Erstes gelehrt, die Achtung und eine nicht zu hinterfragende Ehrerbietung vor ihnen selbst. Und da zu diesem Zeitpunkt die Welt von Jake und der Familie noch völlig in Ordnung ist, nimmt er sich die Lehren sehr zu Herzen und lebt nach diesen Richtlinien.

Allerdings nur so lange, bis ihm die Augen über die wahren Charaktere der Einzelnen und das tatsächliche Geschehen in der Familie geöffnet werden.

Für den Vater Poh Peng ist es leicht mit Hilfe des zu seinen eigenen Gunsten ausgelegten Glaubens, den noch lernenden Jake unter seelischen Druck zu setzen. Alles, was der Vater ihm heimlich und wissentlich unterjubelt, glaubt er und vertraut ihm. Für Jake selbst ist es undenkbar, dass die Menschen innerhalb der Familie sich gegenseitig belügen und betrügen. Dass dies sowieso Tagesordnung ist und einem weißen Far-

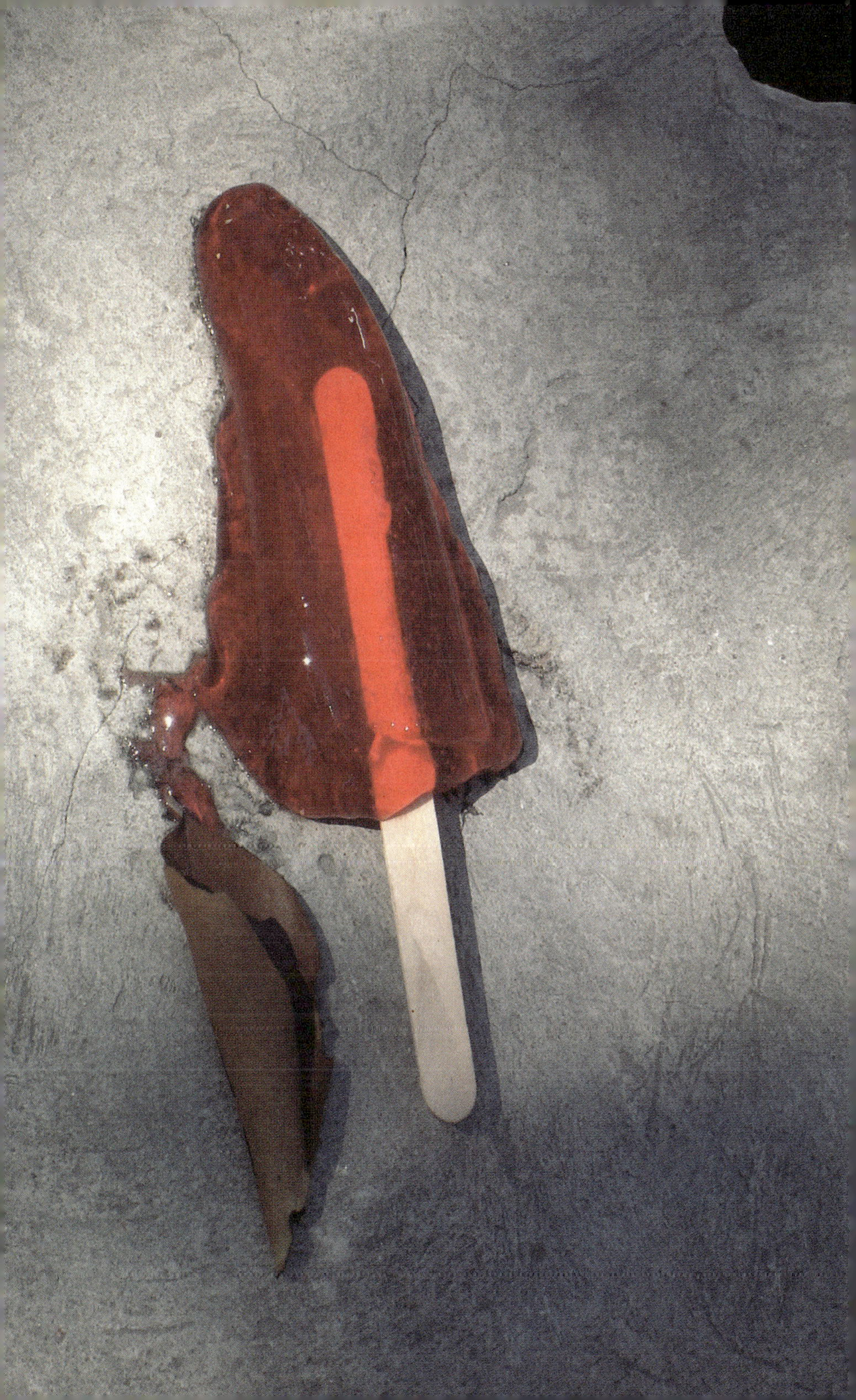

5 10 15 20

rang gegenüber völlig normal und akzeptabel, hat Jake nicht erahnen können.

Was ist eine Ehefrau – für die meisten Thaifrauen bedeutet es, den Ehemann so zu behandeln wie sie es für sich selbst auch wünschen, an das Glück und das Wohlergehen ihrer geliebten zweiten Hälfte zu denken. Andere sehen in dem Wort eine geschäftliche, aber einseitige Verbindung. Hierbei hat ein Ehemann zwar die Pflicht, für seine Frau und ihre Familie zu sorgen, aber die Versorgung für seine eigene Person ist deshalb noch lange nicht gewährleistet.

Natürlich ist es entscheidend, ob die Ehe der beiden von Liebe, Treue, Vertrauen und Zuneigung getragen wird, oder ob, wie im Fall von Suai, nur ein Versorger für die ganze Familie mit der Hilfe von Sex gesucht wird.

Jake lebte bereits zwei Jahre in Thailand, als Tine diese Menschen mit all ihren Kindern in einem Kurzurlaub kennenlernte. Sie traf einen jüngeren Mann, der seiner täglich anfallenden Computerarbeit nachging und so den Unterhalt der gesamten Familie bestritt. Ansonsten traf sie nur auf Menschen, die außer die Hände nach Geld auszustrecken, nicht viel Produktives leisten konnten oder wollten. Bis auf einen, den nicht aus dem Isan stammenden Schwager Tinagon Intawong, der zusammen mit seiner Frau Shird gelegentlich als Fahrer eines Lkws ein kleines Einkommen mit nach Hause brachte.

Wenigstens einer aus dieser Familie, der nicht nur das Geld von Jake nahm, sondern durch eigene Anstrengung etwas zum Familienbudget beitragen wollte.

Nicht nur, dass Jake der alleinige Verdiener dieser ganzen Menschenschar war, er durfte auch noch den eigenen Haushalt vollkommen allein und ohne die hilfreichen Hände einer Frau erledigen. Natürlich hätte er mit Streit und Schimpfen seine ihm Angetraute dazu bewegen können. Wer die Schimpfattacken von ihr schon einmal über sich ergehen lassen musste, der verstand dass Jake es vorzog, seine Dinge selbst und stillschweigend zu erledigen.

Schwieriger entpuppte sich seine Ernährung. Obwohl diese niemals auf den Mund gefallene Dame kochen konnte, wäre es gegen ihr Naturell gewesen, den Kochlöffel zu schwingen. Lieber beauftragte sie eine ihr zu Diensten verpflichtete Schwägerin und die bekochte Jake auf ihre besondere Art.

Seine tägliche Mahlzeit bestand aus einem Teller Reis mit goldbraun gebratenem Omelett aus vielen Eiern. Oder er bekam ein paar kalte, noch mit Plastikhaut ummantelte Würstchen aus dem Kühlschrank und eine Flasche Ketchup.

Bei dem leicht angeekelten Ausdruck im Gesicht von Jake und seiner Bitte um eine kleine Änderung der Speisenfolge, verweisen ihn die Köchinnen auf das gute alte Toastbrot, das dick mit Butter und einer leckeren, roten Erdbeermarmelade bestrichen wird.

Wer kann sich schon über eine solche Mahlzeit freuen, wenn bei der Familie von nebenan lecker gebratenes Fleisch, Gemüse und Obst auf den Tisch kommt, zubereitet von derselben fleißigen Köchin.

Geht er aus Verzweiflung mit knurrendem Magen in eines der kleinen Restaurants und ißt sich satt, dann fällt er aus allen Wolken, wenn er bei seiner Rückkehr eine wutschnaubende Ehefrau vorfindet, die ihm eine dieser wohlbekannten Szenen hinlegt. Fragt Jake vorsichtig, um sie nicht noch mehr zu reizen, nach dem Grund des Ausbruchs, so muss er langsam begreifen, dass er sich in einer Art von besonderem Gefängnis befindet. Hier ist jedes Mitglied der Familie sein Aufseher, bestimmt von seiner lieben Frau, ihn auf Schritt und Tritt zu bewachen.

Viele Thai, nicht nur die Männer, haben enorme Schwierigkeiten mit dem Gebot der ehelichen Treue und so übertragen sie die eigene schlechte Handlungsweise auch auf die im Lande lebenden Farrangs. So glaubt jede Frau, die sich einen dieser begehrten Männer geangelt hat, bei ihren lieben Freundinnen aufpassen zu müssen, dass ihnen diese ihren Ehemann nicht vor der Nase wegschnappen und sie die Melkkuh der Familie an eine andere Schönheit mit genauso gieriger Familie verliert.

Aber nicht nur die Frauen selbst, denen die Worte: I love you! ohne darüber nachzudenken, aus dem Munde fallen - auch deren Väter versuchen mit allen Tricks einen zahlungskräftigen Mann in ihre Familie zu bekommen.

Bei ihrem ersten Urlaub in diesem Land konnte Tine nicht ahnen, dass ihr eigenes Schicksal und das ihres Sohnes Roger sie bald in die Arme all dieser Menschen bringen würde.

Tine faszinierte der Wunschtraum von Jake und die Vorstellung einer Verwirklichung dieses Kinderdorfes mehr, als sie es sich zunächst eingestand.

Seine Frage: „Könntest Du Dir vorstellen, mir beim Aufbau dieses Kinderdorfes zu helfen?“ - sie liess sie nicht mehr los. Zurück in ihrer heilen Welt, zog sie der fesselnde Gedanke immer mehr in seinen Bann und verschiedene schmerzhafte Umstände brachten sie dazu, mit ihrem Sohn nach Thailand in dieses kleine Dorf zu ziehen.

Die beiden fast erwachsenen Töchter blieben bei der Familie in Deutschland, um ihre berufliche Ausbildung erfolgreich zu beenden.

Da waren sie nun, lebten in ihrem schönen, neu erbauten Haus im europäischen Stil und konnten mit eigenen Augen sehen und am eigenen Leib erfahren, was die Machenschaften dieser habgierigen Großfamilie nicht nur aus dem Leben von Jake und ihr machen sollten.

Das buddhistische Wat. Die Geister, die Feste, das Molam

In jedem Dorf ist ein Tempel, das Wat, zu finden, der in seiner Ausführung einem Kloster ähnelt. Umgeben wird er von einer hohen Mauer aus Stein und grenzt sich von den übrigen Gebäuden des Dorfes ab.

Im Innenbereich, nahe der Mauer, stehen kleine Totenhäuschen, in deren oberem Teil die Überreste der Verbrannten in einem Tuch oder einer Pagode von ihrer trauernden Familie bestattet werden. Oft wird die Front verschönt mit einem Bild des Toten. Für arme Familien werden in die einzeln zementierten Stützpfeiler der Mauer kleine Öffnungen eingebaut, in denen die Asche der Verstorbenen ihre letzte Ruhe finden kann, liebevoll geschmückt mit duftenden Blumen und gelben Kerzen.

Durch hohe, weit ausladende Bäume vor der heiß brennenden Sonne geschützt, stehen die einfachen kleinen, aus Holz und Stein gebauten Häuschen der Mönche. Ihre Lebensumstände werden in erster Linie von den streng geschriebenen Gesetzen und Verboten eines Wats bestimmt.

Ein ordinierter Mönch ist bereit, in völliger Armut seinem Wat zu dienen und er darf nicht in irgendeiner Form nach weltlichen Dingen streben. Er sollte im Wat bleiben, außer in seiner Aus- und Weiterbildung, um die Hilfe von anderen Mönchen, seiner Lehrer, zu ersuchen. Versorgt wird er durch die Gutherzigkeit der Gläubigen. Es gibt die Mönchskutte in Orange oder Safrangelb, die in einer schwierigen Technik um den Körper gewickelt wird.

In den Lehren des Buddhismus wird verlangt, dass der Mönch

seine ganze Kraft und Energie in die Verwirklichung des hohen Geistes und eines reinen Herzens steckt. Aber auch in einem Wat geht jeder Mönch Arbeiten nach, er ist fleißig und versucht, die ihm aufgetragenen Dinge zu erledigen.

Der Vollmondtag des achten Monats (nach buddhistischer Zeitrechnung der Juli) erinnert an die erste Predigt Buddhas vor seinen ersten fünf Schülern. Er dient zur Vorbereitung auf die Einleitung der am nächsten Tag beginnenden 3-monatigen buddhistischen Fastenzeit, der „Regenzeitklausur". Diese Zeit ist ganz der Meditation und spirituellen Weiterentwicklung der Mönche gewidmet, während dieser Zeit bleiben sie in ihren Klöstern und gehen nicht auf Wanderschaft.

Mit dem Eintritt in das Wat fängt ein neuer Lebensabschnitt an, denn an dieser feierlichen Ordination wird den jungen Männern die safrangelbe Kutte angelegt. Sie verbringen gemeinsam und mit Weiterbildung die Regenzeit bis zum Vollmondtag des elften Monats (Oktober) im selben Kloster. An diesem Tag wird im ganzen Land das Ende der Fastenzeit gefeiert. Aus diesem Anlass werden am Abend von den Gläubigen der Dörfer die liebevoll geschmückten Miniaturboote aus Scheiben der Bananenbäume mit brennenden Kerzen versehen und auf dem tempeleigenen See zu Wasser gelassen. Die anwesenden Kinder vergnügen sich fröhlich mit dem Werfen von Knallerbsen oder Böllern.

Dieses Fest der schwimmenden Boote ist aber nicht zu verwechseln mit der Feierlichkeit, die in der Vollmondnacht des zwölften Monats (im November), an den Flüssen und Seen des ganzen Landes stattfindet.

Es ist der Tag des „Lichterfestes" an dem die Krathongs zu Wasser gelassen werden. Diese kleinen, aus Bananenscheiben und Blättern gefertigten lotosförmigen Schiffchen, sind verziert mit brennenden Kerzen, glimmenden Räucherstäbchen, Blumen und kleinen Münzen, als Opfergabe für die Wassergeister. Mancher Thai glaubt, dass mit dem abtreibenden Schiffchen auch seine Sorgen und Sünden davongetragen werden. Für andere gehen Wünsche in Erfüllung, wenn die Kerze möglichst lange brennt.

Bei der Betrachtung buddhistischer Mönche springen zwei unterschiedliche Merkmale ins Auge. Es gibt den Mönch, der früh am Morgen und ohne Schuhe von einem Haus zum anderen zieht und seinen runden Essensbehälter, die Opferschale, den Menschen hinhält, die bereits zu dieser noch kühlen Stunde vor ihren Häusern oder am Straßenrand auf sein Erscheinen warten. Sie übergeben das Essen dem auf den Boden Schauenden. Ihm Ehre und Respekt erweisend, stehen sie ganz ohne Schuhe auf der Straße. Die andere Art ist die, dass der morgendlich nüchterne Mönch im Anschluss an die Gebete die mitgebrachten oder die direkt im Wat gekochten Speisen an seinen eingenommenen Sitzplatz gestellt bekommt.

Das Bild ist jeweils das Gleiche. Der Mönch muss essen was er bekommt und es ist das, was die Menschen in den Dörfern und Städten von ihrem eigenen Tisch entbehren können und was sie in ihrer Großherzigkeit den Mönchen zukommen lassen wollen.

Eine Frau darf einen Mönch nicht berühren. Besonders eine weißhäutige, mit den Sitten nicht vertraute Frau sollte sich im Umgang mit ihm sehr vorsehen. Seinen Status als Mönch verliert er zwar nur durch ein intimes Erlebnis, aber sollten ihn Berührungen sexuell erregen, so müsste er sich aufwändigen Reinigungsritualen unterziehen.

Der Mittelpunkt jedes Tempels ist das Saala, das allgemeine Gebets- und Essenshaus, hier treffen sich morgens die Mönche und die Betenden zu ihren gemeinsam ausgeführten Tätigkeiten.

Das Wat im oberen Teil des Dorfes hat den Brauch, dass die Gläubigen am frühen Morgen das Essen für die Mönche bringen. In dem mit bunten Matten ausgelegten Saal sitzt man nach Geschlechtern getrennt auf dem Boden, im vorderen Bereich die Männer, dahinter gemeinsam mit den Kindern die Frauen.

Die Mönche sitzen auf einer leicht erhöhten Plattform im Angesicht der Gläubigen. Die großen, goldgefärbten Statuen hinter ihnen sind geschmückt mit gelben Kerzen und den täglich frischen Blumen in leuchtenden Farben. Kleinen Kindern wird erzählt, dass, wenn sie an den Blumen für Buddha mit ihrer kleinen Nase riechen, diese ihnen auf der Stelle abfalle und im schmutzigen Staub der Straße liegen bleibe.

Vor jedem Mönch steht seine noch leere Bettelschale, in die jeder Hereinkommende von seinen mitgebrachten Speisen etwas legt, begleitet von den bittenden Wünschen für sich und seine Familie.

Auch auf das runde, leicht erhöhte Tablett, das auf der Seite steht, werden zu Ehren Buddha's Blumen, Kerzen und verschiedenes Essen gestellt und jeder Gläubige wirft eine kleine Münze zur Unterstützung des Wats in den bereitstehenden Behälter.

Dreimal muss sich der Gläubige vor Buddha und den Mönchen niederwerfen, wobei er die zusammengelegten Hände mit der vorderen Kante zur Stirn führt wobei die Daumen die Nase berühren. Nach Öffnung seiner Hände legt er die Handflächen auf den Boden und beugt sich so weit nach vorn, dass er mit der Stirn den Boden zwischen seinen Händen berührt. Die erste Verbeugung ehrt Buddho (der Erleuchtete), die zweite ehrt das Dhammo (die Phänomene) und die dritte Verbeugung ehrt das Sangho (die Gemeinschaft).

Sind alle Gaben verteilt und die Gläubigen sitzen in feierlicher Haltung auf ihren Matten, beginnen die Mönche mit ihren langen Gebeten. Am Ende wird der Segen erteilt, wobei von den Betenden das geweihte Wasser aus einem Behälter in einen anderen gegossen wird. Dabei legt der Sitznachbar seine linken Fingerspitzen an den Ellbogen des Gießenden und unterstützt den eigenen Arm mit der Fläche seiner anderen Hand. So kann die Reihe unendlich fortgesetzt werden und jeder erhält den gleichen hilfreichen Segen. Im Anschluss an das Ritual wird das Wasser an einen Busch oder auf die Erde geleert und somit entledigt sich jeder der Sünden der vergangenen Tage.

Bei ihrem schweigenden Mahl, das ihnen nur von den anwesenden Männern der Gemeinde gereicht werden darf, werden die Mönche von Liedern und Gebeten der Frauen begleitet. Möchte eine Frau oder ein Mädchen einem Mönch ein Geschenk überreichen und es ist kein Mann in ihrer Nähe, so kann sie ihre Gabe auf einem Tuch vor ihm ablegen, von welchem er es aber erst nach einer kurzen Ziehbewegung in seine eigene Richtung wegnehmen darf.

Es gibt vier besondere Tage im Monat, an denen das Essen reichhaltiger ist und die Feierlichkeit einen intensiveren Charakter bekommt. Ähnlich den christlichen Sonntagen, nur richten sich diese den Mondphasen.

Jeder Mönch bekommt frühmorgens die einzige, komplette Mahlzeit. Bis 12 Uhr Mittags darf er noch essen, was er sich zur Seite gelegt hat, danach bleibt nur das Trinken. Selbst da gibt es Beschränkungen, denn es darf weder Zucker noch Milch in dem Getränk enthalten sein. Erlaubt sind klare Säfte ohne Fruchtfleisch, wie auch Kaffee und Tee in reiner Form, nur gesüßt mit ungepanschtem Honig. Gestattet sind zudem die Kerne von den Früchten der Natur (Sonnenblume und Kürbisse), die in einem speziellen Verfahren geröstet werden. Es ist die einzige Nahrung, die den hart arbeitenden Mönchen bis zum nächsten Morgen gestattet ist.

Allmorgendlich gehören Poh Peng und Maeh Bun zu den Essen gebenden Gläubigen. An manchen Tagen werden sie von einem Mitglied der Familie begleitet. Auch das in der Nähe liegende andere Wat, mit seinen im Dorf umherziehenden Mönchen, wird von zweien der drei Söhne immer wieder mit Essen am Straßenrand bedacht. Eine gläubige Familie wie es scheint, die aber die heiligen Gebote Buddhas im Laufe der Zeit für sich verändert, sodass es als Scheinheiligkeit gesehen werden kann.

Die meisten traditionellen Feste haben ihren Ursprung im buddhistischen Glauben, so auch das Molam, eine gute Mischung aus Modernem und Althergebrachtem.

Die Aufführung hat zwei unterschiedliche Teile. Der erste beglückt mit seiner bunt dargebotenen Tanzshow die Augen und die Ohren ganzer Clans mit ihren Kindern. Der darauffolgende Teil mit singend und tanzend dargestellten Erzählungen der alten Sagen und Legenden, zieht mehr das Herz und die Ohren der Älteren in seinen magischen Bann. Ein Molam wird bei bestimmten Feierlichkeiten im Wat, bei Einweihungen oder bei Staatsfesten engagiert. Besonders wichtig ist es aber bei einer Beerdigung und es wird in seiner Größe und Ausführung an den Geldbeutel des Ausrichters angepasst.

Ein Buddhist glaubt an die Wiedergeburt. Er weiß, dass das Leben das er im Moment führt, das gute oder schlechte Karma, auf sein Verhalten im jetzigen oder dem früheren Leben zurückzuführen ist. Stirbt ein Mitglied der Familie, dann kann es durch eine große Party und ein Molam nicht nur das eigene Karma verbessern, er hilft auch der Seele des Verstorbenen, in Richtung Nibbana (Nirwana) zu kommen, um eine bessere Wiedergeburt auf einer reicheren Ebene zu erlangen.

Der Leichnam, der in einem einfachen Holzsarg liegt, wird in einer geschlossenen und bunt glitzernden Sargverschalung im großen Wohnraum des Hauses aufgebahrt. Oft ist er noch mit einer blinkenden Lichterkette verziert. Alle nehmen Abschied und werfen einen letzten Blick durch das gläserne Fenster auf das Gesicht des Toten, zünden kleine gelbe Kerzen und duftende, alles vernebelnde Weihrauchstäbchen an und erweisen so dem vor ihnen Liegenden die letzte Ehre. Die Totenwache und der Leichenschmaus gehören dazu. Jeder Freund will den Verstorbenen auf seinem Weg ins nächste Leben begleiten und ihn beschützen. So ist ein ständiges Kommen und Gehen im Haus.

Am Vormittag des Begräbnisses windet sich ein langer Zug von schwarz gekleideten Freunden durch das Dorf, die den Sarg zum nahe liegenden Verbrennungsplatz geleiten, wo schon die Mönche nach einem reichhaltigen Mahl mit ihren Gebeten auf sie warten. Die Söhne des Verstorbenen kann man in ihren Reihen sehen. Mit kahl rasiertem Schädel und safrangelber Kutte erweisen sie ihre letzte Ehre.

Jeder Trauernde begießt das Gesicht des Toten mit einer Kelle klarer Kokosmilch, das soll ihm Glück in seinem neuen Leben bringen, wie auch die beiden Kerzen und das Päckchen mit den Streichhölzern, die auf das vorbereitete Holz gelegt werden. Während die durch die Verbrennung befreite Seele mit Hilfe einer grau anzusehenden Rauchschwade gen Himmel zieht, stecken die am Seitenplatz beschäftigten Männer das letzte Bettzeug und die verschiedensten Kleider des Toten in Brand. Damit ist er auch in seinem neuen Leben mit schönen und hilfreichen Dingen des täglichen „Lebens" gesegnet. Hungern und dürsten muss keine der Seelen, da ihre betenden Familien durch die Essensgabe an die Mönche gleichzeitig die Seelen ihrer Ahnen speisen.

Nach dem traurigen Teil der Beerdigung beginnt die Zeit der Freude und des Spaßes, gewidmet dem Toten, der zu seinen Lebzeiten doch auch fröhlich war. Freude soll es geben statt trüber Gedanken und Tränen.

Falls es finanzierbar ist, wünscht sich die Familie ein großes prächtiges Molam, aber selbst mit einem Molam Elektron, dem Molam-Sing oder einem spannenden Film im Großleinwandkino in freier Natur kann man ihm eine letzte, besondere Ehre erweisen. Das ist ein wichtiger Grund für viele Landbewohner, ein Leben lang genug Geld an eine Versicherung zu bezahlen, die für sie im Falle ihres Todes die Kosten dieser „Himmelfahrt" bezahlt.

Das Spektakel findet direkt beim eigenen Haus oder auf dem grünen Sportplatz der Schule statt. Durch laut schlagende Buschtrommeln verkündet, strömen die Massen herbei und erfreuen sich an den kostenlosen Attraktionen. Sie sitzen oder liegen auf ihren bunten Matten, essen und trinken und freuen sich auf eine herrlich lange und schöne laute Nacht.

Hilfe zur Selbsthilfe

Jake hat im Bestreben, der Familie nicht nur mit Geld, sondern auch mit Arbeitsplätzen zu helfen, einen Wunschtraum der beiden ältesten Brüder aufgenommen und nach gründlicher Überlegung in die Tat umgesetzt. Tschan und Bun, die musikalischeren unter den Geschwistern wollen zusammen mit einigen Freunden ihre schönste Idee verwirklichen. Einige alte Musikinstrumente, Boxen und Mikrophone, die außer in den Ohren schmerzenden Tönen doch noch einen Hauch Musik erahnen lassen, helfen der Gruppe beim Start des noch sehr kleinen Molam. Geübt wird in der kühlen dunklen Nacht, um die Dorfbewohner mit den Proben zu erfreuen, so auch Jake und Tine, die in diesen Nächten nicht ein Auge schließen können.

Jake wird mit der Bitte der Musiker konfrontiert, ihnen ein wenig finanziell unter die Arme zu greifen. Extra für ihn inszenieren sie einen Auftritt auf der Dorfstraße, bei dem auch Tine zugegen ist. Sie wird begleitet von ihrm Sohn Roger und der fast blinden Mutter Jakes, die nach dem Tod ihres Mannes Zuflucht und Heim bei ihrem Sohn gefunden hat.

Bei ihrem ernsthaften Versuch, Jake mit ihrem Können und Wollen zu beeindrucken, beschließt er die Gründung eines farbenprächtigen großen Molam, allerdings gepaart mit technisch ausgefeiltem Zubehör.

Hundertzwanzig Arbeitsplätze hat er geschaffen und das Molam steht in einer ausladenden Pracht vor ihm. Jake ist der erste weißhäutige Chef eines solchen Unternehmens im Isan. Die Menschen lieben ihn, er ist ein Arbeitgeber, wie er besser nicht sein kann, streng in seinen Anforderungen gegenüber den Faulen, aber fair und offen zu denen, die ihm bei diesem schwierigen Aufbau behilflich sind. Durch seine immer zu Späßen aufgelegte Natur und seine am richtigen Platz zugreifenden Hände gewinnt er das Vertrauen und die Liebe dieses vorsichtigen und eher scheuen Menschenschlages.

Ein Thai ist sehr stolz, egal ob arm oder reich. Nur der Farrang, der ihm mit Achtung begegnet kann von ihm eine produktive Hilfe erwarten. Anderen, denen man die Überheblichkeit schon an den Augen ablesen kann, werden mit einem asiatisch höflichen Lächeln beglückt, aber ernsthafte Unterstützung wird nicht stattfinden.

So auch die Musiker, die Jake zur Seite stehen, wie zum Beispiel Kiaou. Er ist ein guter Bass-Gitarrist, der in einem der bedeutensten Molams des Landes spielen und sich die hohe Gage der Berühmten verdienen könnte.

Aber nein - hier will er sein Können zeigen als einen treuen Freundschaftsdienst für Jake, den er mit größtem Vergnügen als seinen weißen Boss bezeichnet. Selbst die sonst so misstrauischen Eltern der jungen Tänzerinnen schenken Jake ihr Vertrauen und lassen ihre Töchter Nachts zum Schlafen in das große Haus von Tine ziehen. Die Mädchen sind mit 13 bis 15 gerade in einem sehr gefährlichen Alter. Tine hat allen versprochen, der Hüter dieser zarten Unschuld zu sein.

Diese kleinen Schülerinnen sind unendlich stolz darauf, als Tänzerin in einem Molam auftreten zu dürfen und zeigen es mit ihrer Anhänglichkeit überdeutlich. So fassen sie im Laufe der kommenden Auftritte und bei den vielen Proben Vertrauen zu Tine und schlüpfen in ihre schützenden Arme, wenn sie, geschmückt in ihrer dünnen Kleiderpracht und vor Kälte frierend, hinter der Bühne stehen und auf ihren Auftritt warten müssen.

Vierzig jugendliche Tänzerinnen sind es, aber eines haben all diese Mädchen gemeinsam – das ärmliche Leben ihrer Familie.

Eine Armut und Wohnverhältnisse, die sich Tine in ihrem ganzen Leben nicht hätte träumen lassen, oft ist es nur ein bretterähnlicher Verschlag, in dem auf zwei übereinander liegenden Holzbänken die mehrköpfige Familie einen Schlafplatz findet. Die Kochgelegenheit liegt unter einem Strohdach im Freien und daneben, in einem mit Blech geschützten Raum ist der Waschplatz für die ganze Familie. Und regelmäßiges gutes Essen?

Tine weiß genau, dass viele dieser Tänzerinnen froh und glücklich sind, sich wenigstens einmal am Tag bei den Proben des Molam richtig satt essen zu können. Auch etliche der jungen Männer des Konvois stammen aus ähnlichen Verhältnissen. In vielen Fällen mussten sie schon in frühen Jahren die Schule aus Geldmangel beenden und haben durch das Molam eine Zukunftsperspektive gewonnen.

Aber auch für die älteren Mitarbeiter, meistens Familienväter, geht ein Türchen des Glücks auf. Für sie ist es nicht nur regelmäßiger Verdienst, auch das Essen für die gesamte Familie verbessert sich auf ganz besondere Weise. In Zukunft dürfen sie alle den Vater nicht nur bei den Proben begleiten, sie können auch das Essen bei den jeweiligen Auftritten mit ihm genießen. Es ist eine so große Essensmenge, dass sich jeder davon in seine mitgebrachten Schüsseln füllen kann.

Das Hüten all der zarten Unschuld ist ein nicht so einfach einzuhaltendes Versprechen. Die männlichen Helfer des Konvois befinden sich nämlich nachts in einem nicht weit entfernten Haus. Dagegen sind die Tänzer des Molam keine große Gefahr für die jungen Mädchen, da sie in der Regel von sich selbst als Lady-Man bezeichnet werden.

Tine, die auch die Kathoys betreut, entwickelt zu diesen sehr lieben, ihre weiblichen Werte voll auslebenden Männern, ein gutes Verhältnis. Sie holt sie mit ihrem blauen Auto aus den weit entfernt liegenden Dörfern zu den Proben am Wochenende ab. Auch sie haben ihr Nachtquartier bei Tine im Haus aufgeschlagen. Seit einem glimpflich abgelaufenen Schleuderunfall mit Tines Auto sind sie in einer ganz besonderen Weise zusammengeschweißt.

Besonders auf dem Land darf diese Neigung voll ausgelebt werden. Keiner kommt auf die Idee, diese Menschen wegen ihrer Andersartigkeit zu diffamieren oder gar auszugrenzen. Toleranz wird groß geschrieben und so findet sich in den Reihen der frisch gestylten Tänzerinnen so manch ein junger Mann, dem seine Männlichkeit in keiner Weise anzusehen ist.

Stark geschminkt tragen sie die Haare lang oder in einer hochgesteckten Frisur und der kurze Rock wippt in einer aufreizenden Weise um ihre schlanken Beine. Sie benehmen sich genauso kicherig und albern wie die weiblichen der Damen und keiner der Zuschauer käme auf die Idee, einen jungen Mann vor sich zu haben.

Auch im täglichen Leben darf er die weibliche Seite seines Wesens ausleben, nur in der Schule muss er die kurzen Hosen der jungen Männer tragen.

In seiner Freizeit steht es ihm ganz ohne das Urteil der anderen frei, sich hübsch zu schminken und die schmale, oft rosafarbene Bekleidung der Mädchen zu tragen. Gleichgestellt ist er mit einem wohlgefüllten Büstenhalter und der eindeutig damenhaften Tasche, die an seiner Seite baumelt. So lebt er von jungen Jahren an ein offenes Doppelleben, bis es ihm nach Ende der Schulzeit freisteht, die weiblichen Attribute mit Hilfe eines Arztes zu bekommen, was sich aber nur ein sehr kleiner Prozentsatz aller Kathoys auch leisten kann.

Schon mancher verblüffte Farrang aus einem dieser Urlaubsorte war mehr als erstaunt, was er da bei der nächtlichen Entblätterung seiner heißgeliebten „Schoko-Göttin“ an Überraschungen zu sehen bekam.

สีแดง

Das aufregende Leben des Molam mit seinen schillernden Auftritten beginnt. Die Bühne ist zwanzig Meter lang und besteht aus den vielen, silberfarbenen Eisenteilen eines Baugerüstes, die auf zwei großen Lastkraftwagen zu den Auftrittsorten gefahren werden. Mit zum Fuhrpark gehören zwei kleinere Lkw's, in denen die gesamte Technik, die große Zahl der Boxen, die Lampen und die bunten Discolichter untergebracht sind.

Die reich verzierten Kostüme und der dazugehörige farbenprächtige Kopfschmuck liegen in hellen Plastikboxen, gut geschützt vor dem alles durchdringenden braunen Staub. Ihre Versorgung liegt in den Händen von Tine, da man mit diesen zarten, golddurchwirkten Stoffen und mit ihren bunten aufgesetzten Steinen vorsichtig umgehen muss. Sie werden nicht nur nach jedem Auftritt des Molams gereinigt, es müssen auch Schäden wieder in Ordnung gebracht werden. Eine schöne Aufgabe für Tine, die sie gerne erfüllen will.

Die teure, hochmoderne Ausrüstung und das technische Zubehör wird in den neu erbauten Garagen gelagert, geschützt durch ein breites Rolltor das durch ein großes stabiles Schloss verschlossen wird und zu dem nur Jake den Schlüssel hat. Die Instrumente, Mikrophone und was sonst noch alles für eine Probe gebraucht wird, erhalten die regelmäßig Übenden direkt von ihm, soll doch der erste Geld einbringende Auftritt so bald wie möglich stattfinden. Das gesamte Dorf ist in heller Aufregung, in gespannter und freudiger Erwartung.

Dank der großzügig angelegten Aufteilung des Dorfes im Dorf ist es möglich, dass jede einzelne der Gruppen zwar gemeinsam in der Zeit, doch getrennt von Mund und Ohr ihren täglichen Proben nachgehen kann. Bei einem Rundgang über das gesamte Areal kommt Tine von einer Musik- und Stilrichtung zur anderen, jeder Auftritt ist faszinierend anzuhören und reizvoll für die Augen.

Hinter einem blau und gold gestrichenen Zaun steht das Haus von Jake, dessen vorstehendes und buntgestreiftes Sonnendach die gläserne Front desselben schützt. Durch einen schmalen Gang ist es mit dem neuerbauten Haus seiner Mutter verbunden. Dem schließt sich der Wohnbereich von Tinagon Intawong an. Der Vorplatz wird geschützt durch dichte hohe Bäume und ist mit herrlichen, durftenden Blumen bepflanzt. Ein hell erleuchteter Springbrunnen bietet seine plätschernden Wasserspielchen.

Hier finden die fleißig übenden Mädchen ihren Tanzbereich und erfreuen Ohren und Augen der glücklich lauschenden Mutter. Verlässt Tine durch das kleine, leicht quietschende Schwingtor diesen am frühen Abend kräftig belebten Bereich, kommt sie zu dem im Schatten liegenden Übungsplatz der Molamsänger, die zu dieser Zeit ihrer Stimme bereits eine Pause gönnen.

Am Rande der Reisfelder steht ein weitausladender mächtiger Baum, unter dessen Schatten spendenden Ästen und der luftig durchziehenden Brise sich auch sonst ein großer Teil des täglichen Lebens abspielt. Hier stehen die leicht erhöhten Plattformen aus Bambus, die so oft zum Schlafen dienen und hier wird auch gegessen, wenn die aufgestaute Hitze im Haus unerträglich wird.

Tines Weg führt seitlich vorbei am Haus von Tinagon Intawong, dessen Grundstück durch eine Mauer vom Nachbarn abgegrenzt ist. Sie betritt den hinteren, den großzügiger angelegten Bereich des kleinen Dorfes. Links befindet sich ihr eigenes Reich, das im Anschluss an das alte ursprüngliche Holzhaus gebaut wurde. Es ist umgeben von einer schönen Terrasse mit vielen farbenprächtigen Orchideen und ist durch ein weit überstehendes Dach vor der Sonne geschützt. Seitlich überquert sie den breiten, mit feinem Kies bedeckten Autoabstellplatz und steht vor dem Wohnbereich von Bun, daneben die Garagen mit ihrem wertvollen Inhalt.

Auf diesem Platz haben die übenden Musiker und die Sänger eingefunden, um gemeinsam und mit Jake Lieder einzustudieren.

Auch Jake trägt mit einem Liedchen zum Gelingen bei, das er zur ausgelassenen Freude der zuschauenden Bevölkerung einstudiert hat. So findet sich an jedem Abend bis tief in die Nacht hinein die Schar der Musiker zusammen und die gespannt lauschende Menge der Dorfbewohner heizt mit ihrem Beifall die ausgelassene Stimmung an. All diese Menschen haben es sich auf Tines Terrasse und dem davor liegenden Kiesbereich so bequem wie möglich gemacht. Damit fehlen nur noch die Spaßmacher, die bunt geschminkten Clowns, die mit ihren lustigen, teils tölpelhaft wirkenden Szenen bei jedem Molaauftritt stürmisch begrüßt werden. Sowohl Kinder, als auch kindlich gebliebene Erwachsene bringen sie zum ungestümen Lachen, zum Jauchzen und zur Fröhlichkeit.

Geht Tine auf ihrem Rundgang durch das blau und gold gestrichene Tor, so kommt sie an das Haus von Tschan. Hier führt der schmale erdige Weg bis an das hoch auf Stelzen stehende hölzerne Reishaus, mit dem darunter liegenden Stall des dicken Hängebauchschweines. Es ist ein ganz besonderes Geschenk von Jake an Poh Peng, den Vater. Und hier, bei Tschan, da trifft sie die Clowns, die sich sattelfest machen für ihre Späße auf der Bühne.

Bevor die Proben richtig losgehen können müssen die Künstler, die kein eigenes Moped besitzen, in den Dörfern abgeholt werden. So wechseln sich Jake und Tine bei diesem anstrengenden Job ab. Es ist oft eine nervenzerreißende Geduldsprobe, bis die kleinen Flöhe fertig gerichtet sind. Ganz abgesehen von der Erwartung der Eltern, sich mit Farrang kurz in der eigenen Hütte von den umliegenden Nachbarn sehen zu lassen. Es ist eine Aufwertung des Images im Dorf.

Jakes silberfarbenes Pick-Up ist in diesem Fall das passendere der beiden Fahrzeuge mit bis zu fünfzehn Personen auf der hinteren Ladefläche. Sie stehen oder sitzen auf der schwarz gefärbten Umrandung und genießen den warmen Fahrtwind, der ihre Haare fliegen lässt. In Tines blauem Pkw können auf der hinteren Sitzbank sechs Tänzer einen Platz ergattern, zu ihren Füßen hingeschmiegt sitzen nochmals drei und selbst der Vordersitz bietet eng gepresst noch vier Tänzern Platz. Nur bei den Schaltvorgängen ergeben sich ein paar Probleme für Tine, als Fahrerin.

Da die meisten Tänzerinnen Schulmädchen sind, beschränkt sich ihre Übungszeit auf den späten Nachmittag, während die Sänger und Geschichtenerzähler des Molam die Zeit des Tages nutzen und bereits am frühen Mittag oder gar schon in den Morgenstunden mit ihren Übungen beginnen und so das ständig lauschende Dorf stimmgewaltig erfreuen. Das ganze Dorf steigt im Ansehen der Nachbargemeinden steil in die Höhe durch das eigene Molam. Zumal ein großer Teil der Dorfbewohner hier eine feste und gut bezahlte Tätigkeit gefunden hat.

Die Elektrizität ist ein besonderes Problem, mit dem sich Jake bei seinen ersten Auftritten auseinander setzen muss. Der Strom ist zwar zu Beginn des Molam fast immer in ausreichender Menge vorhanden, aber bei Einschaltung der bunten Discolichter und der vielen hellen Lampen bricht oft das gesamte Stromnetz der Bühne zusammen.

Genervt entscheidet sich Jake, ein eigenes Stromnetz für sein Molam zu bauen. Er will mit einem großen Aggregat unabhängig werden, eine Investition, die sich in der Zukunft bewähren wird.

Nun steht sie da, die Bühne in voller Pracht und ist bereit, ihre in der Nacht weit strahlenden gelben, roten, grünen und blauen Lichterbündel schweifen zu lassen. Ihr vorderer Teil ist bespannt mit einer rot gefärbten Plastikplane, die an beiden Seiten in eine gestreifte dünne Plane übergeht und in einem weit gesteckten Bogen den belebten hinteren Bereich der Bühne fest umschließt. Die vielen Tänzer, die Show-Sänger und die Geschichtenerzähler finden hier einen Ort zum Schminken. Auch die schlafenden Helfer des Konvois, die Clowns mit ihren rot gefärbten Nasen, die Moderatoren, die mit ihren launigen Worten durchs Programm führen, selbst die mitgekommenen Familien, die vielen Kinder eines jeden, die Autos, Lkws und die Busse finden ihren Platz. Ebenso die kleinen braunen Zelte von Jake und das von Tine, die haben Angst vor krabbelndem Getier und möchten die Nächte gut geschützt verbringen.

Mannshoch steht die Bühne da, damit keiner der vielleicht schon angetrunkenen Zuschauer, sie erklimmen kann, unbeherrscht im Angesicht der liebreizenden Mädchen, die sich vor seinen Augen in kurz geschnittenen Röckchen dem dargebotenen Tanze hingeben. Die Höhe reicht gerade noch für einen raschen Händedruck, das Schenken einer roten Rose, einer kleinen Münze, falls sich die sehnsüchtig Angeschaute in ihrer glitzernden Pracht am Bühnenrand herunterbeugt und dem glücklich Lächelnden ihre Huldigung erweist.

Der Boden ist ausgelegt mit dünnen Brettern und es geht eine kleine Stufe himmelwärts, damit auch die zweite Reihe der Tanzenden noch gut zu erkennen ist. Zwischen den bunt beschrifteten Tafeln der Eigenwerbung, befindet sich die breit gebaute Mitteltreppe, gut versteckt hinter einem luftig blauen, mit Glitzerpailletten übersäten Vorhang. Hoch über dieser Treppe und über die Länge der gesamten Bühne verteilt, befindet sich die Schar der Musiker mit ihren Instrumenten. Die Mitte bildet das Schlagzeug mit seinen Trommeln und Becken, rechts und links verteilt Gitarren, die beiden Keyboards, die Bongos und die vielbestaunte goldene Trompete.

Hebt der Zuschauer seinen Kopf und schaut in Richtung Himmel, dann sieht sein Auge nicht nur das silberne Gerüst mit den bunten Lampen und den Discolichtern. Ganz oben und als besonderer Schmuck ist das gemalte Antlitz von König Bhumiphol zu sehen, die andere Seite der Bühne ziert das Bildnis seiner Frau Königin Sirikit. Sie sind das über alles geliebte und hochverehrte Monarchenpaar von Thailand. Verschönt werden die beiden Gemälde mit vielen bunt blinkenden Lichterketten.

Neben der breiten, hölzernen Tanzfläche stehen auf jeder Seite zwölf große schwarze Boxen, die die Menschen aus weit entfernten Häusern locken sollen. Dahinter liegt eine metallene, schräg nach unten führende Rampe, die vor den Augen der Zuschauer durch einen bunten Vorhang versteckt wird. Sie ist der Laufsteg für die Tänzerinnen, während die männlichen Tänzer, wie auch die Sänger, in der Regel durch den blauen Vorhang in der Mitte der Bühne erscheinen.

Für Jake und Tine beginnt nun ihre eigentliche Arbeit, obwohl beide ihre Vorbereitungen für den Abend schon getroffen haben.

Jake, der sich um den reibungslosen Ablauf des Konvois und alles Technische kümmert, hat schon seit Morgengrauen alle Hände voll zu tun. Er achtet darauf, dass kein winziges Detail vergessen wird. Vielseitig begabt, kommt er selbst mit der Handhabung des neuen Stromaggregats zurecht und weist zwei seiner einheimischen Mitarbeiter ein, sodass diese zukünftig auch ohne seine Hilfe agieren können. Auch beim Aufbau der großen Bühne wird Jakes Rat gesucht und als Mixer stellt er alles richtig ein. Am Abend kann nichts mehr schief gehen, wenn er selbst auf der Bühne steht und das Mikrophon die hellen Töne seiner Lieder in alle Himmelsrichtungen verstreut.

Tines Aufgaben erstrecken sich über die Versorgung der

Künstlergarderobe einschließlich der Kleidung von Jake, die er für seinen eigenen Auftritt braucht. Auch da muss sie den Helfern des Konvois streng auf die Finger sehen, es soll nichts vergessen werden. Der Weg nach Hause wäre in den meisten Fällen zu weit.

Bevor der eigens für diese Auftritte gemietete Bus am späten Nachmittag seine lange Fahrt aufnehmen kann, müssen wieder die vielen Künstler aus ihren Dörfern abgeholt werden.

So findet sich nach und nach die ganze lustige Gesellschaft ein, sie lachen und schwatzen und freuen sich alle auf den Abend, denn sie haben bereits das leckere Essen vor Augen, ihren Auftritt, das hoffentlich zahlreiche Publikum und den finanziellen Lohn am Ende einer langen Nacht.

Die Bühne ist geschmückt und bereit, die sich umziehenden Mädchen sind geschützt vor den neugierigen Augen der jungen Männer. Die Trucks, die Autos und die Busse werden im Halbkreis geparkt. So kann jeder müde Künstler sich nach seinem Auftritt ein bequemes Schlaf- oder Ruheplätzchen suchen. Seitlich, weit genug entfernt, steht das seine „Wohlgerüche“ verteilende Aggregat, von dem aus die vielen schwarzen Kabelschlangen in die Richtung der Bühne ausgelegt und angeschlossen werden. Die ersten Lichter brennen bereits und beleuchten das lustige und quirlige Treiben der Hungrigen, die sich schon jetzt an dem reichhaltigen Büffet gütlich tun. Überall auf dem grasigen Untergrund werden dicke bunte Bastmatten ausgelegt, manche schminken sich gegenseitig oder helfen sich in die glitzernden Kleider und die Haare werden zu den tollsten Frisuren hochsteckt.

Maeh Pan und Tine richten die Künstlerroben her. Die wertvolle Molam-Garderobe, aber auch die weißen Hemden mit den weinroten Krawatten für die Musiker werden an den quer verlaufenden Stangen unter der Bühne aufgehängt, sodass jeder seine richtige Kleidung auswählen kann.

Das Kostüm eines Molamsängers ist etwas sehr Ausgefallenes. Die weißen langen Strümpfe stecken in schwarzen Schuhen und werden im oberen Teil von einer, bis unter das Knie reichenden, schwarzen Pluderhose verdeckt. Der untere Rand der Hosenbeine ist mit einem Streifen aus bunten Pailletten und glänzenden Steinen prächtig verziert. Am Bund wird sie von einem engen glitzernden Oberteil mit langen oder kurzen Armen überdeckt. Es ist ein Überrock, der bis knapp an das Knie reicht und aus dem gleichen Stoff wie die Bordüre geschnitten wird. Er ist ebenso reich mit Glitzertand verziert und wird in seiner ganzen Form versteift. Das Prachtvollste an einem Molamsänger ist aber sein herrlicher Kopfschmuck. Er wird mit einem farblich passenden Band turbanähnlich gewickelt. In seiner Mitte befindet sich die goldfarbene Krone und der Turban selbst ist mit vielfarbigen Glitzersteinen, Ketten und Broschen behängt, die langen bunten Federn werden seitlich im breiten Band des Turbans eingesteckt oder nach hinten gedreht.

So variieren die Kostüme in Form und Farbe. Auch die Damen des Molam stehen mit ihrer Schönheit keineswegs im Schatten ihrer männlichen Begleiter. Die Robe ist zwar in den meisten Fällen einem normal geschnittenen Abendkleid ähnlich, aber es werden diese ganz besonderen und geschmückten Stoffe verwendet. Die prachtvoll gesteckten Frisuren der Sängerinnen sind verziert mit glitzernden Ketten und weißen Perlenschnüren, mit goldenen Kronen oder bunten Blumen. Das alles, zusammen mit goldenen Colliers, Ohrringen und hübsch geschminkten Gesichtern machen sie auf der Bühne zu ebenbürtigen Partnerinnen.

Die mit bunten Federn und Pailletten bestickten Tanzkostüme der Mädchen und Jungen werden von Tine und ihrer Helferin auf einer langen schmalen Plane ausgelegt. So haben die beiden für den schnellen Wechsel in der Tanz-Show immer die passende und nötige Kleidung gleich zur Hand. Jake hat oft die neuen und prächtigen Garderoben von einem Molam-Schneider nähen lassen. Deshalb erscheint nun bei jeder neuen Sing- und Tanzvorführung ein anderes Kostüm auf der hell erleuchteten Bühne.

Langsam macht sich knisternde Aufregung breit, die ersten der fertig geschminkten jungen Mädchen in ihren hochhackigen Stiefeln ziehen leise den mittleren der Vorhänge zur Seite, um nach der Menge der bereits eintreffenden Zuschauer Ausschau zu halten. Andere, deren Auftritt erst spätabends beginnt, nämlich bei der eigentlichen Molamgeschichte, suchen noch in den gut gefüllten Essenstöpfen nach dem, was ihnen mundet. Für das Essen ist der Auftraggeber zuständig. So ist er nicht nur für die Bezahlung, sondern auch für den noch leeren Magen aller Künstler mit verantwortlich.

Aber nicht nur hinter der Bühne, auch davor beginnt ein geschäftiges Treiben, da die ersten erwartungsvoll aussehenden Gäste mit ihren großen Familien bereits eintreffen, um einen vorderen guten Platz zu ergattern.

Sind die Matten auf dem Rasen ausgerollt, bleibt ein Platzhüter zurück, während sich die anderen, besonders aber die Kinder, an den duftenden Essensständen, den interessanten Spielzeugbuden und den lustigen Karussells erfreuen, die im weiten Halbkreis vor der Bühne ihren Platz gefunden haben. Tine, die mit ihrer Arbeit fertig ist, hat Zeit und Muße, sich draußen bei den Leuten umzusehen, die sie als ein exotisches Wesen bestaunen. Angst braucht sie bei ihrem Rundgang nicht zu haben, die Polizeigewalt ist allzeit präsent und hat ein Auge darauf, dass ihr nichts geschieht. So versucht sie ihr Glück bei den bunten Luftballons, die an einer Wand befestigt, auf den erlösenden Pfeil warten. Sie schaut den kleinen Kindern zu, die sich bei lauter Musik jauchzend auf den aus

Draht gebogenen Pferdchen drehen. Es gibt viele Stände und Tine gibt sich dem bunten Treiben hin, bis ein lauter Ton der Bühne sie unsanft in die Wirklichkeit zurückholt. Die Instrumente werden von den Musikern gestimmt, der Platz ist gefüllt mit Menschen und der direkte Bereich vor der Bühne ist für die Tanzenden gesperrt. Aber da – was ist denn das?

Neben einer freien Fläche steht ein geöffneter, leerer Gitterkäfig, gut sichtbar für alle. Tine fragt den daneben stehenden Gesetzeshüter nach Sinn und Zweck des Ganzen. Hier werden die randalierenden Trunkenbolde eingesperrt, zur Abschreckung der anderen.

21 Uhr, hinter der Bühne ist es soweit, auch Jake erscheint in einem goldfarbenen Anzug. Sein erster Auftritt steht unmittelbar bevor. Doch zunächst erhellt ein buntes Feuerwerk den nächtlichen Himmel und kräftig donnernde Salutschüsse kündigen den Start der Feier an. Die Musiker erklimmen ihre Plätze, die Würdenträger des Dorfes erscheinen auf der noch leeren Bühne, um in einer kurzen Rede über die Feier zu informieren.

Die herbeigeströmten Gäste werden vom Moderator begrüßt und mit guter Laune und lustigen Worten unterhält er sich mit den Hohen des Ortes, die inzwischen behängt sind mit duftenden Blumenkränzen oder selbstgebastelten Ketten aus Papier, überreicht aus den Reihen des lauschenden Publikums. Unter den klangvollen Tönen der lauten Musik erscheint Jake zusammen mit der Sängerin, den ernst blickenden Fahnenträgern und einer kleinen Auswahl an Tänzerinnen auf der Bühne. So stehen die beiden am Bühenenrand und halten die königlichen Bilder erfurchtsvoll in ihren Händen. Rechts und links die Tänzerinnen, während die Fahnenträger in schwarzen Anzügen auf der leicht erhöhten Stufe im Hintergrund zu sehen sind. Das Publikum, selbst die Künstler im unsichtbaren Bereich der Bühne, erheben sich und über die Dächer des Tempels hinweg erschallt stimmgewaltig die Landeshymne und das Königslied.

Das Spektakel kann beginnen und vor den Augen der Zuschauer zeichnet sich ein grandioses Bild ab.

Rechts ist eine Gruppe der Tänzerinnen mit schwarzen Stiefeln bekleidet, über denen das weiße, kurz geschnittene Kleidchen wippt, wo bei jeder Bewegung der am Rücken angebrachte und mit einem Fingerband gehaltene Schleier wie ein weißer Schmetterling durch die Lüfte flattert. Auf der linken Seite tanzt die zweite Schar. Herausgeputzt mit einem Traum aus schwarz- und golddurchwirkten Stoffen, perlen- und paillettenverziert. Hoch auf ihren Köpfen ist der weit ausladende, prächtige Putz aus bunt gefärbten Federn.

Sie wirbeln zusammen mit den prächtig kostümierten Tänzern, in einer faszinierenden Quirligkeit über die breite Bühne, umringen den hübschen Sänger in seinem weißen Anzug und sprühen eine mitreißende Lebendigkeit aus. Die Zuschauer genießen die Darbietungen, die nur von den Spaßmachern unterbrochen werden. Sie bringen mit verrückten und lustigen Einfällen die Lachmuskeln der Menschen zum Vibrieren.

In blau glänzendes Satin gehüllt, sein erstes Liebeslied singend, umrahmt von begeisterten jungen Damen und kräftig beklatscht, betritt Jake die hell erleuchtete Bühne. Begrüßt wird er von den launigen Worten des Moderators, der zwischen den Liedern kleine Späße mit ihm macht. Ist Jake doch weit und breit der einzige Farrang, der im Isaner Dialekt antworten kann, sodass die Leute ihn verstehen. Um Mitternacht verändert sich das Bühnenbild, die Show ist beendet und macht Platz für das eigentliche Molam, für die schon aufgeregten Erzähler der Legenden und Sagen, die in einem eigentümlich klingenden Singsang vorgetragen werden.

Die Reihen der Zuschauer lichten sich allmählich, viele der

Väter tragen ihre schlafenden, mit Zuckerwatte verschmierten Kleinen heim ins Bett, während die Mütter die müden älteren Kinder langsam neben sich herziehen. Ein Glück für alle, dass die bunten Luftballons in ihren ausgefallenen Formen gut am Handgelenk der Kinder festgebunden sind. Zu groß wäre die Trauer am nächsten Morgen, wenn die herrliche Pracht gen Himmel entschwunden wäre.

Zurück bleiben die Jungen, die noch Party feiern wollen, und die Alten, die bei rührend dargestellten Liebesszenen in Tränen ausbrechen. Sie fühlen sich mit diesen Geschichten verbunden, leben mit in dem gespielten Leid und der Freude bei einem glücklichen Ende.

Tine ist mit ihrer Arbeit fertig, denn die Garderobe der Tanzenden ist sorgfältig in feste Kisten verpackt. Sie hat nun frei, genau wie Jake, der seinen Auftritt mit Bravour gemeistert hat. Bis zum Ende der verschiedenen Molamgeschichten am frühen Morgen vergeht noch eine lange Zeit und so suchen sich die müden Künstler ein geeignetes Plätzchen für den Schlaf.

Bei Sonnenaufgang, wenn die Erzähler des Molam noch vom übrig gebliebenen Publikum belauscht werden, wird der hintere Teil der Bühne schon langsam abgebaut. Die Hupe des ersten losfahrenden Busses erklingt dröhnend über den ganzen Platz, um auch den letzten Langschläfer zu erreichen. Die im Bus schlummern bereits schon wieder und auch Tine ist auf ihrem Platz, noch müde, aber guter Dinge.

Vom Eingang des kleinen Dorfes bis hin zu Jakes Wohnung zieht sich eine Schlange unausgeschlafener Menschen die Straße entlang, wo sie ihn und ihre Gage der letzten Nacht erwarten. Jake, der die meiste Zeit der Dunkelheit wachte und half, darf sich nach Auszahlung der ersten Gelder für ein erfrischendes Bad und ein reichhaltiges Frühstück in seine eigenen vier Wände zurückziehen. Vielleicht reicht es noch für einen kurzen Schlaf oder eine belebende Massage, bevor die Nächsten, mit noch müden Augen, vor der Türe stehen. Auch Tine, kalt gebadet und gesättigt vom Frühstück, macht sich munter an die Arbeit. All die verschwitzten und zerknitterten, vielleicht auch eingerissenen Kleider müssen von ihr in den ursprünglichen Zustand zurückversetzt werden.

Ein gelungener Molam-Auftritt folgt auf den nächsten, jeder ist glücklich und zufrieden, hat seine fest bezahlte Arbeit, bei der auch der Spass für seine ganze Familie nicht zu kurz kommt. Jake, der zu Beginn des Ganzen eigentlich nur den beiden Brüdern helfen wollte, hat so für viele arme Menschen einen Arbeitsplatz geschaffen, womit er auch zufrieden ist. Nur die Lautstärke der ständig anwesenden Personen wie auch der nie endende Schmutz erreichen langsam die Grenze der Toleranz. Jake beschließt, das ganze Molam mitsamt Proben auf das entfernt liegende Land mit seinen Teichen und Bananenstauden auszulagern. Eine weise und gute Entscheidung, da so nach und nach Ruhe einkehrt und der Schmutz sich wieder im normal verdreckten Rahmen der Familie bewegt.

Die Einhaltung der Sauberkeit ist für einen noch so verständnisvollen Farrang ein aussichtsloser Kampf. Falls er nicht im ständigen Streit mit den Thai leben will, gibt es nur die Möglichkeit der Akzeptanz und er hält den eigenen Wohnbereich nach seinen Vorstellungen in Ordnung. Die einzelnen Kleinfamilien leben jedoch viel zu dicht beieinander. Der Abfall wird in den von Tine aufgestellten Behältern nicht entsorgt. Keiner der Thai hält sich daran, diese zu benutzen. Wo immer sie gehen und stehen, lassen sie die Dinge fallen, die sie gerade nicht mehr brauchen.

Die Schmutzigste von allen aber ist Maeh Bun, die Stammesmutter aller Kinder. Auf diesem Weg hat sie ihr schlechtes Erbgut weitergegeben und selbst Kecke, der Kleinste der Familie, hält es nicht einmal für nötig, wenigstens das größere der beiden Geschäfte in eine der vielen Toiletten zu machen. Mit Hilfe eines dünnen Stockes bohrt er lieber ein Loch in die dunkle staubige Erde und wie ein kleiner Babyhund legt er sein Geschenk an die Natur tief in dieselbe. Natürlich unter dem lachenden Beifall seines nicht viel älteren Cousins Gogo, dem der freche Schalk schon aus den Augen blitzt.

Selbst ein Teil der weiblichen Bewohner, nicht nur die Mädchen, machen ihr kleines Geschäft ganz einfach am nächsten Buschwerk vor dem Haus.

Tine, die auf dem Weg in den vorderen Bereich des Hauses an der offenen Küchentür von Tinagon Intawong vorbeigehen muss, steht vor dem Problem, dass sie ständig die herumliegenden und schimmelnden Küchenabfälle der Thai übersteigen soll. Der Bequemlichkeit halber wird alles vor die Türe geworfen.

Das sei das Essen für die Hühner, ist die immer gleiche Antwort von Maeh Bun, der Tine als Frau des Oberhauptes ja auch nicht widersprechen darf. Um den sich ständig neu entflammenden Streit zu schlichten, opfert sich Amphon, der inzwischen mit Tine buddhistisch verheiratet ist und hält den von seiner Mutter ständig neu verschmutzten Weg so sauber, wie es eben geht. Schaut Tine in die Häuser der einzelnen Familien, dann kann sie gut verstehen, dass besonders die Kinder es nie lernen werden, ihre Räumlichkeiten auch nur ein wenig sauber und in Ordnung zu halten – von welchem Vorbild denn?

Amphon, der immer stärker versucht zwischen den beiden Fronten zu vermitteln, bittet Tine um eine „Lehrstunde der Sauberkeit“, da auch dem Rest der Familie ihr so sauberes Reich und das von Jake behagt. Denn eigentlich lieben es alle

Thai, gemütlich auf einem schönen Sofa in einer sauberen Umgebung die Seele baumeln zu lassen, aber auch Maeh Bun hat die Reinlichkeit von ihrer Mutter nie gelernt.

So wird von vielen gemeinsam der Besen und der Putzlappen geschwungen und die gut gefüllten Mäusenester mit ihrer nackten Last werden von den Kindern quiekend und lachend auf die Straße befördert. Die Hinterlassenschaften derselben, vermischt mit dicken Staubflocken, werden unter dem Sofa aufgesaugt und die in den Schrank gestopften Kleider der Familie sortiert und auf Bügel gehängt. Unter den wachsamen Augen und Ohren der gesamten Familie vergeht diese Lehrstunde von Tine wie im Flug und das Ergebnis kann sich sehen lassen.

Eine blitzsaubere Küche und ein Bad, in dem man sich wieder auf die Toilette trauen kann und ein Wohnbereich, der mit seinen weißen Vorhängen an den Fenstern und den in roten und weißen Gitterregalen sortierten Dingen des täglichen Lebens gemütlich zu nennen ist. Auch der obere Bereich der Eltern wird in Angriff genommen und vom Schmutz befreit, in der vagen Hoffnung, dass das Vorbild Schule machen würde.

Es wird ein Trugschluss bleiben. Kurze Zeit später ist es wieder genauso schmutzig wie vorher. So bleiben die persönlichen Bereiche der Farrangs die einzigen sauberen Flecken im ganzen kleinen Dorf des großen Dorfes.

Es gibt aber noch eine für den Farrang nicht verständliche und ihn an den Rand des Wahnsinns treibende Unart der ländlichen Bevölkerung. Es ist das „heilige Gebot des Nicht-Stehlens“. Wann immer es machbar ist, wird es zum eigenen Nutzen ausgelegt.

Jeder Mensch, der ein Haus betritt, lässt seine schmutzigen Schuhe der Reinlichkeit wegen vor der Türe stehen. Eine gute Angewohnheit, die Tine in allen Konzequenzen mitträgt bis zu den Tagen, an denen nacheinander Rogers neu gekauften Schuhe nicht mehr an ihrem Platz zu finden sind. Nach Beschriftung derselben an einer geheimen Stelle macht er sich auf die Suche und findet seine Schuhe an den Füßen einiger älterer Dorfbewohner - wie sie da wohl hingekommen sind?

Vielleicht haben sie die kleinen, flaumig weißen Flügelchen der Engel bekommen – wer weiß. Tine kann auch heute noch nicht glauben, dass es diese alten, teils gebrechlichen Menschen waren, die sich hier, im billigsten Laden der Welt, selbst mit neuen Schuhen eingedeckt haben. Aber nicht nur Schuhe allein bekommen diese berühmten „Füßchen", es gibt noch vieles andere im privaten Bereich von Tine und Jake, das die ach so armen Mitglieder der Thaifamilie noch nicht haben. So wechselt manche Kleinigkeit schnell zum neuen und stolzen Besitzer. Besonders ausgeprägt ist es im Bereich der Küche, da Suai ihrer ganzen Familie das Recht eingeräumt hat, sich in den Vorräten und den Kühlschränken der Farrangs zu bedienen.

Das ist die Selbstherrlichkeit der „Number One".

Da auch für Tine der Streit mit dieser wilden Lady nur im Zerschlagen ihrer Teller endet, fragt sie einen deutschen Mönch um Rat, wie sie mit diesem Problem umgehen kann. Sie ist in keiner Weise geizig und würde für jeden hier das letzte Hemd hergeben, aber es ist ein gewaltiger Unterschied, ob eine Gabe freiwillig Ihre Hände verlässt oder ob es einfach nur weggenommen wird.

Die Antwort lässt nur einen Schluss zu: Es ist die Mentalität der ländlichen Bevölkerung. Bedingt durch die engen Wohnverhältnisse in der Großfamilie, leben sie eine besondere Art der Gemeinschaft. Alles gehört allen und kann von dem genommen werden, der es gerade braucht oder gerne haben möchte.

Als jedoch die ersten Einzelfamilien selbst zu etwas kleinerem Reichtum gekommen sind, haben sie ihre eigenen Errungenschaften mit niemandem geteilt, allen voran Suai, als „Number One“, die sich nur mit dem Verschenken von Geld und den Gegenständen der anderen als äußerst großzügig zeigt, ihren eigenen Privatbesitz aber wie einen Augapfel hütet und mit aller Macht verteidigt.

Auch der sprichwörtliche Dickkopf und das Besserwissen mancher Thai, ist ein schwer zu ertragender Zustand. Tine als Farrangfrau hat keine Chance, etwas zu bewirken oder gar zu verändern. Eine absolut verrückte Bauweise findet in dieser Familie, ihre besondere Bedeutung, Tine nennt sie die „Phi mal Daumen“ Methode. Bei dem Neubau eines überdachten Garagenplatzes für zwei Autos wird in folgender Weise von Bun, dem Alleswisser, Maß genommen:

Er steht mit seitlich ausgestreckten Armen vor dem Auto und mißt die Breite des Objekts, dann verdoppelt er die Messung und baut nach diesem Maßstab den „passenden“ Garagenplatz für beide Autos.

Bei der vorsichtigen Anfrage von Tine, ob er sich da nicht vermessen habe –da zwischen seine als Richtlinie gesteckten Stöcke niemals zwei Autos passen- bekommt sie von ihm eine Litanei an den Kopf geworfen, bei der sie froh ist, nichts verstehen zu können. Als sie dann auch noch versucht, dem Baumeister zu erklären, dass man die Türen der Autos so nicht mehr öffnen kann, winkt Bun mit einer Geste ab, als ob er eine lästige Fliege verscheuchen will. So wird die Garage nach seiner Vorstellung gebaut und das blaue Auto von Tine steht seitdem auf einem nicht überdachten Parkplatz.

In Tines Zeit auf dem Land passieren noch eine Menge dieser „merkwürdigen Kleinigkeiten“ und der - von Amphon - mit Fett geschmierte Keilriemen ihres Autos bleibt nicht die einzige Situation, die ihre Nerven auf eine Zerreißprobe stellt.

Ein Geburtstag ist bei den Weißhäutigen ein Fest, bei dem man jedes Jahr ein wenig älter wird. Im Isan nicht unbedingt, da nicht jeder Mensch genau weiß, wie alt er eigentlich ist. So wurde der 60. Geburtstag von Poh Peng gleich zweimal gefeiert. Erst bei der letzten Feier hat sich herausgestellt, wann er tatsächlich geboren wurde und nur, weil Jake die ID-Karte des Vaters endlich sehen wollte.

Tine, die einen Backofen in ihrer Küche stehen hat, bekommt die ehrenvolle Aufgabe zugeteilt, für jedes der anfallenden Geburtstagskinder einen schönen hohen Marmorkuchen zu backen. Am frühen Abend steht er dann, verziert mit vielen bunten Kerzen auf einem Tisch neben den Geschenken, davor das „Kind" mit glänzenden Augen und die ganze Familie singt das auch hier bekannte und sehr beliebte Lied zu seinen Ehren - Happy Birthday to you!

Da Thai gerne feiern, nehmen sie auch gerne unsere Feiertage in ihren Jahresplan auf. Also Weihnachten verordnet nun der Farrang. Auf dem Speiseplan steht ein krustiger Schweinebraten in einer sämigen und mit Karotten bestückten Soße, dazu gibt es handgeschabte goldgelbe Spätzle und dicke runde Semmelknödel. Zu diesem Festmahl lädt sich das halbe Dorf gleich selber ein, nur gut, dass die Farrang-Köche genug für alle vorbereitet haben. Tine hat das Wohnzimmer geschmückt mit silbernen und roten Kugeln, glänzendem Lametta, einem kleinen künstlichen Tannenbaum, bunt blinkenden Lichterketten und einer Krippe, die in einer Schneelandschaft aufgebaut ist. Der Raum strahlt weihnachtliches Flair aus und die versammelte Familie singt, zur großen Überraschung von Jakes Mutter, das von allen fleißig einstudierte Weihnachtslied „Stille Nacht, heilige Nacht" mit den lustig klingenden deutsch-thailändischen Worten, dafür aber mit lauten und überaus glücklich schmetternden Stimmen. Am meisten freut sich der Kleinste,

Kecke, der seinen gemütlichen Platz auf dem Schoß der so anders aussehenden Farrang-Oma gefunden hat.

Er wäre bei seiner schweren Geburt um ein Haar gestorben, wenn Jake die damals noch 4-köpfige Familie nicht kurz vor der anstehenden Entbindung zu sich und in ein Krankenhaus geholt hätte. Er könnte heute nicht mit diesem lachend fröhlichen Gesicht und einem Weihnachtsmann in seinen Armen spielen, der bei Knopfdruck mit einer tiefen Stimme ruft: „Hohoho – fröhliche Weihnachten – hohoho !!!"

Ausgelassene Freude findet die ganze Familie in dieser Weihnachtszeit, besonders da Tine am Nikolaustag für alle eine lustig anzusehende Überraschung vorbereitet hat. Es ist die Sitte der hängenden Socken.

Da jeder dieser Thai trotz kalter Füße bisher ohne Strümpfe war, hat Tine eine Schnur durch den gesamten Raum gespannt und für jeden der 21 Mitglieder des Clans die passenden und mit einer kleinen Überraschung gefüllten Socken daran aufgehängt, sehr zur Freude aller am nächsten Morgen.

Leider war es das einzige so schön gefeierte Weihnachtsfest in Tines ganzer Zeit im Dorf.

Der Herd in der Küche, die ganze Küche selbst, erweist sich für Jake als ein wahrer Glücksfall, da sich die immer gleichgebliebene Variation seiner Mahlzeit auf dem Teller sehr verändert hat. Tine, die für ihren Sohn Roger und sich selbst täglich Essen kocht, hat auch die Sorge um das leibliche Wohl und die Sauberkeit der Räumlichkeiten bei Jake und seiner Mutter mit übernommen, die wegen ihrer Blindheit nicht viele Arbeiten erledigen kann.

Roger, der schon fast perfekt die thailändische Sprache spricht, geht in der nächst gelegenen Stadt in die Don Bosco Schule, wo er aber zu seinem Leidwesen feststellen muss, dass er mit dem im Dorf so mühevoll erlernten Dialekt bei den anderen als „Farrang-Isan“ betitelt wird. So muss er nun, mit Hilfe seiner Lehrer und der neuen Freunde, die reine Hochsprache lernen.

Privatschule bedeutet in der Regel, dass von den Eltern ein Schulgeld bezahlt werden muss und so findet sich unter den Schülern kein Kind aus einer armen Familie. Auch der Weg zur Schule muss bezahlt werden und der Fahrer eines kleinen privaten Mini-Busses holt Roger am noch dunklen Morgen vor der Haustüre ab und bringt ihn, nach einer einstündigen Fahrt, erst wieder in den späten Nachmittagsstunden nach Hause zurück. Es ist ein langer und harter Schultag für Roger, zumal im Anschluss an den Unterricht noch viele Hausaufgaben gemacht werden müssen. Der Anspruch dieser Einrichtung an die Schüler ist weitaus höher, als der einer Schule auf dem Dorf.

Roger, obwohl er der einzige Weiße und Blonde unter all den schwarzen Köpfen ist, entwickelt sich zu einem guten Schüler. Das Schulsystem in Thailand ist nicht vergleichbar mit dem in Europa und deshalb ist es für ihn nicht immer einfach, all die strengen Regeln und Vorschriften zu ertragen.

Auch mit dem Tragen einer Schuluniform muss sich Roger erst anfreunden, da er seine Grundschulzeit und den Start in das Gymnasium in Deutschland erlebte. Weil aber alle Buben in den gleichen blauen kurzen Hosen und den weißen Hemden in die Schule gehen, ist es für Roger eigentlich kein Problem, sich den örtlichen Gegebenheiten anzupassen. Leicht befremdlich ist für ihn der frühe Morgen, wenn die rot-weiß-blau gestreifte Nationalflagge unter den musikalischen Klängen der Nationalhymne hochgezogen wird und die Schüler in der strammen Haltung der Soldaten stehen müssen.

Dafür ist der Sporttag, an dem eine lange blaue Hose und ein pfiffig geschnittenes rotes Shirt getragen werden darf, sehr willkommen. Roger spielt gerne Tischtennis und Basketball.

Den ungeliebten Tag der Pfadfinder mit seiner braunen, lästigen Uniform und einem noch viel strengeren militärischen Morgenappell würde der sonst so geduldige Roger am liebsten aus seinem Stundenplan entfernen. Die Don Bosco Schule in Thailand ist eigentlich eine katholisch orientierte Schule, in der die christliche Religion und der Buddhismus in gleicher Weise unterrichtet werden.

In der Schulkapelle findet jeden Freitag während der ersten Schulstunde die festliche Messe für die katholischen Schüler statt und die Kommunionskinder in ihren weißen Einheitsroben gehören ebenso zum Erscheinungsbild wie die Novizen, die am späten Nachmittag mit einem Bus in ihr gemeinsam bewohntes Internat zurückgefahren werden. Der Geburtstag von Don Bosco wird genauso gefeiert wie die Marienfeiertage und die Auferstehung Jesu an Ostern, aber ganz besonders liebevoll ist es am Vormittag von Jesus Geburt. Am Heiligen Abend wird in jedem Jahr ein weihnachtliches Fest für die gesamte Familie gerichtet, das mit einem feierlichen Gottesdienst in der Kapelle verbunden ist.

So verbringt Roger einige Jahre in dieser reinen Thaischule, bis er später auf eine bilinguale Schule in Khon Kaen wechseln wird, um dort seinen Abschluss zu machen.

Niemals hätte Tine es sich träumen lassen, dass sie, die in früheren Zeiten schlimme Angst vor Hunden hatte, einmal gleich mehrere dieser Tiere um sich haben würde. Die zwei niedlichen Hundedamen sind die besten Freunde ihres Sohnes und gehören zur Familie. Hunde werden hier als unnütze Fresser angesehen, da sie kein Geld bringendes Nutzvieh sind. Aber sie haben die Möglichkeit sich uneingeschränkt zu vermehren und bevölkern so die Straßen, nicht nur auf dem Land. Auch zu dieser Großfamilie gehören gleich mehrere der kleinen Hunde, die in ihrer Anhänglichkeit mehr als nur possierlich sind.

Sakon Nakhon ist eine Stadt, auf deren Märkten die Delikatesse des Hundefleisches angeboten wird und nicht nur das sonst übliche Schweine-, Rinder-, oder Hühnerfleisch. Marktbeschicker senden ihre Einkäufer, die Hundefänger, in weit entlegene Gebiete, wo die Dörfer mit Hunden reich gesegnet sind. Hier bekommt nun jeder Bewohner, der zu viele der vierbeinigen Tiere sein Eigen nennt, im Tausch dafür einen neuen schwarzen Eimer, wobei den Rüden das Verbleiben im Dorf ermöglicht wird. Das löst in der läufigen Zeit, im Herbst des Jahres, eine heftig kämpfende und teils blutige Hetzjagd auf die wenigen im Dorf verbliebenen Hundedamen aus. Tine hat genug von diesen Kämpfen und spritzt den drei anwesenden Hündinnen das richtige Medikament, womit die Ruhe für ein ganzes Jahr gesichert ist.

Es gibt noch viele andere befremdliche Dinge auf dem Land, die in den modernen Zentren der Städte keine Rolle mehr spielen, so wie auch das Kauen des Holzes, das Maak, das Tine an Kautabak erinnert. Aber bei der jüngeren Generation der Landbevölkerung, wird diese Sitte immer stärker abgelehnt, da man als Zugabe diese hässlich rot und braun verfärbten Zahnstummel bekommt.

Ein Vorrecht für die Damen? Kaum ein Mann – nur die älteren Mönche - teilt freiwillig dieses Vergnügen, und so sind es fast nur die Zähne der alten kauenden Frauen, die dem Auge ein solch abstoßendes Bild bieten. Die Männer frönen lieber ihrer eigenen Leidenschaft, dem Rauchen von selbstgedrehten Zigaretten. Da an den weißen Papierchen keine Klebestreifen sind, um den Tabak in der richtig gedrehten Form zu halten, ergeben die fertig gedrehten Zigaretten oft ein lustiges Erscheinungsbild.

Gelegentlich trifft sich an einem sonnig warmen Nachmittag das Damenkränzchen unter einem schattigen Baum zum gemeinsamen Kauen und jede Dame hat ihr eigenes Körbchen mit den dafür nötigen Utensilien dabei. Rötlich gefärbtes Kauholz, Blätter, Tabak und ein an weißen Holzleim erinnernder Klebstoff bilden die Grundlage. Sorgfältig wird das Blatt aufgerollt und unter Zuhilfenahme eines kleinen Stöckchens ganz mit weißem Leim bestrichen. Auf dieses Blatt streut Maeh Bun kleine, aus einem Block geschabte Flocken des Holzes und legt darauf die dünne Scheibe einer zitronenähnlichen Frucht und ein Stück der frisch getrockneten Pekannuss. Mit eingeschlagenen Ecken wird das Blatt mitsamt dem Inhalt aufgerollt und weit nach hinten zwischen die Backenzähne geschoben, wo sich unter langsamem Kauen eine rötliche Flüssigkeit im ganzen Mund ausbreitet, die in gewissen Abständen in die bereitgestellten Behälter ausgespuckt wird.

Besonders appetitlich ist es für Tine, wenn sich die immer weiterkauenden Damen gegenseitig die neuesten Klatschgeschichten des Dorfes erzählen, denn dabei kann sie sich nur der vagen Spekulation hingeben, ob diese Dinge im Mund verbleiben oder ob die Schwerkraft hier die Oberhand gewinnt.

Bevor Maeh Bun sich dem täglichen Kauvergnügen hingibt, reibt sie ihre schon sehr stark verfärbten Zähne mit dem bereitliegenden braunen Tabak ab, zu welchem Sinn und Zweck? Das wird Tine wohl niemals erfahren.

Da besonders der Thai vom Lande nach dem Motto der Fröhlichkeit und Freude seine Tage verbringt, findet er immer wieder die Möglichkeiten eines kleinen Ausfluges und sei es nur an den Badesee, wo ganze Familien einen lustigen Tag verbringen.

Kleine Bambushütten spenden ebenso Schatten wie die hohen, weit ausladenden Bäume rund um den ganzen See. Direkt am Ufer wurde vom Staat ein viel genutzter Badebereich geschaffen, mit grünen und blühenden Pflanzen und einer schwimmenden Picknickinsel mitten im See. Hier lässt es sich herrlich relaxen und das tiefe kühle Wasser lädt dazu ein, sich gegenseitig vollzuspritzen und mit schwarzen Gummireifen zu plantschen

Ein Badeanzug oder gar Bikini ist im prüden Teil von Thailand ein Ding der Unmöglichkeit. Nicht einmal die Buben, geschweige denn die Männer, ziehen eine kurze Badehose an. So bleibt auch Tine nichts anderes übrig, als sich mit kurzer Hose und einem T-Shirt bekleidet den Wasserfluten hinzugeben.

Am See liegt ein Camp, in dem die Sünder der Umgebung kleinere Vergehen absitzen müssen. So auch Amphon, der sich in seiner vormals schlechten Zeit dieses Vorrecht erarbeitet hat. Er muss für eine ganze Woche ins Camp, damit der ein dunkler Fleck auf seiner so weiß erscheinenden Weste getilgt ist.

Die Lagerleitung weist den eintreffenden Männern ihre Schlafmatten in einem durch einen Maschendraht gesicherten Haus zu und die Unterweisungen können beginnen. Gehirnwäsche nennt es Tine, was dort mit den anwesenden Männern geschieht. Die Hauptaufgabe der Aufsicht führenden Soldaten ist die gedankliche Reinwaschung dieser Sünder. Tine, die Amphon in ihrem Auto in das Lager gebracht hat, darf sich mit Zustimmung und Hilfe der Lagerleitung das ganze Areal anschauen und an den ersten gedanklichen Übungen teilnehmen.

Sie sitzt seitlich auf einem Stuhl und hat so die 40-köpfige Männerschar im Blick, die in langen Reihen, im Schneidersitz und immer im gleichen Abstand auf dem Boden vor der Tafel sitzen müssen. Viele Stunden am Tag lernen die Insassen des Lagers alles über eine gute und gesunde Lebensführung und der Unterricht wird nur von den Pausen des Essens oder eines kleinen Schläfchens unterbrochen, das sie im Schatten der Bäume verbringen dürfen.

Nachts ist nicht etwa die Möglichkeit eines erholsamen Schlafes gegeben. Ein anstrengender Marsch durch die dunkle Nacht soll das Gute in den Menschen wecken, wie auch das erfrischende Waschritual im kalten Wasser des Sees. Erst dann kann ‚Mann' sein müdes Haupt auf ein Kissen legen, bis der laut schlagende Morgengong ertönt. Jetzt wird aber nicht etwa das ersehnte Frühstück serviert, nein, denn es gongt als Startzeichen für den sportlichen Jogginglauf am Beginn des neuen Tages. In diesem Rhythmus erleben die Sünder ihre Strafe und was sie mitnehmen von dem Gelernten, um es in ihrem weiteren Leben tatsächlich anzuwenden, bleibt nach Ende dieser Büßer-Woche jedem Einzelnen selbst überlassen.

In früheren Zeiten musste jeder junge und gesunde Mann im wehrpflichtigen Alter ein Los ziehen, bei schwarz wurde er als Soldat eingezogen und musste dienen, bei weiß hatte er Glück und durfte zu Hause bleiben. Vielleicht begünstigt auch dieses seltsame Auswahlverfahren die Labilität dieser stolzen Thai.

So wird der von der strengen Obrigkeit gepredigte Verzicht auf den Laukau (den Reisschnaps), nicht machbar sein. Es ist ein Teufelsgetränk, das schon in vielen Familien großes Leid ausgelöst hat. Sein Rausch bringt selbst den rechtschaffensten und fleissigsten Vater dazu, sich wie ein Tier zu benehmen und mit einer angepinkelten Hose irgendwo im Graben herumzuliegen.

Im Morgengrauen, wenn die Frauen bereits die schmutzige Wäsche mit ihren eigenen Händen waschen, sitzen viele dieser Männer bereits um ein Lagerfeuer und frühstücken ihr erstes Glas Laukau, bis sie voll bis oben hin einen Schlafplatz im Haus oder sonstwo suchen, um den - nicht letzten - Rausch des heutigen Tages auszuschlafen. Glücklich kann sich die Frau schätzen, deren angetrunkener Ehemann ganz ohne weitere Probleme sofort ins Reich der Träume findet. Es gibt aber auch diese Trunkenbolde wie Bun, der sich aus

Wut über die Ungerechtigkeit in seinem Leben selbst die leergetrunkene Flasche auf dem Kopf zerschmettert. Blutüberströmt muss er von Jake zur Räson gebracht werden, bevor er jemandem mit seinem Messer ein Leid antut.

Der übermäßige Genuss des Schnapses ist auch in dieser Familie ein schlimmes Problem, hatten doch die Brüder in jungen Jahren im eigenen Vater kein gutes Vorbild. Dieser bekam seine Sucht erst im fortgeschrittenen Alter in den Griff. Heute ist er zwar immer noch trocken, aber er kämpft vergeblich gegen die ungebrochenen Gelüste seiner Söhne an.

Wie auch bei Tschan, dem Ältesten, der in seinem Rausch das angeberische Gerede seines ebenso betrunkenen Bruders Amphon nicht mehr ertragen kann und ihm, in einer unkontrollierbaren, sich stetig steigernden Gereiztheit mit einem hölzernen Mörser den Schädel krankenhausreif schlägt. Die heftig blutende Wunde muss mit mehreren Stichen genäht werden.

Moderne Krankenhäuser mit westlichem Standart gibt es nicht auf einem Dorf. Hier gibt es zwar Einzelzimmer, wer aber auf die ID-Karte behandelt wird, muss mit einer unbequemen Liege in einem Gemeinschaftsraum zufrieden sein.

Es gibt viele schlimme Schicksale durch Alkohol. Bei näherem Betrachten der Familien haben sie vor kaum einer der Haustüren halt gemacht. Jake und Tine erleben sehr viel durch ihren engen Kontakt mit den Mitarbeitern des Molam und beide können vor der Traurigkeit der Menschen die Augen nicht verschließen. Ändern können sie die Situation erst recht nicht, da jeder für sich und sein Leben selbst verantwortlich ist.

Herrlich erfrischende Badeseen, außer dem in der Nähe liegenden Gewässer gibt es noch einen See, der umgeben ist von Bergen und eingebettet in eine wunderschönen Landschaft liegt, genannt wird er Klein Pattaya.

Steht Tine beim Näherkommen oben auf der breit ausladenden Klippe, erblickt ihr Auge einen steilen, sich nach unten schlängelnden Weg, der an einem grobkörnigen Strand endet. Hier reiht sich eine Bambushütte an die andere. Der hintere Teil ist fest verankert im braunen Sand, während die vorderen Stelzen tief im Wasser stehen. Ein schmaler, leicht schwankender Steg führt über das flache Wasser des Ufers ins Innere der Plattform, deren Schatten spendendes Dach aus strohigen Palmwedeln vor der heißen Sonne schützt.

Die kleinen Kinder plantschen mit ihren bunten Schwimmreifen im warmen, seichten Wasser, während sich die etwas Größeren jauchzend und kreischend von den gelben, länglich geformten Bananenbooten übers Wasser ziehen lassen.

Die noch älteren der Kinder und die Erwachsenen tauchen nach den großen Muscheln tief unten im See und freuen sich über den Leckerbissen für den Mittagstisch daheim.

Eine kühlende Brise durchstreift die hölzernen Pfahlbauten, sodass der Tag in seiner ganzen Pracht genossen werden kann.

Die Eltern wie auch die Großeltern erfreuen sich am lauten und lustigen Spiel der Kinder, genießen das dargebotene reichhaltige Essen und geben sich den wohlig süßen Träumen eines schön erlebten Tages hin.

Mystik... Geheimnisse... Unerklärliches...

Das Leben mit der Existenz von Geistern ist ein ganz normaler Zustand für einen im Buddhismus und den Traditionen aufgewachsenen Thai. Aber auch ein andersdenkender Farrang, der längere Zeit mit diesen Riten und Gebräuchen konfrontiert wird, fängt irgendwann einmal an, zumindest über die Entstehung dieses Geisterglaubens nachzufragen. Die Geschichten, die ihm erzählt werden, aber auch so manch eine Gegebenheit, die er am eigenen Leib verspürt und mit eigenen Augen gesehen hat, veranlassen ihn dazu, wenigstens über den „Sinn und Unsinn“ des Lebens nachzudenken.

Nahe an einem See steht ein überaus schöner Tempel. Er hat die Form eines weißen Buddha, der die Beine im Lotossitz übereinandergeschlagen hat. Es ist ein beliebtes Ausflugsziel für Familien, aber auch ein Ort, an dem sich Menschen Rat holen. Das Mystische des Landes zieht hier selbst einen ungläubigen Farrang in seinen Bann. Manches was Tine hier vorhergesagt wurde, ist auch tatsächlich eingetroffen und hat mit großer Macht ihr Leben mitbestimmt.

Viele Stufen ziehen sich neben dem goldverzierten Geländer einer alles umwindenden Schlange zum weißen Buddha hoch. Dann kann Tine das Innere des Wats betreten und wird von der Kühle und der besonderen Schönheit dieser Räume überrascht.

Nach der Ehrerbietung durch dreimalige Verbeugung bei den goldenen Statuen, den Blumengaben sowie dem Entzünden von Kerzen und den Räucherstäbchen, bekommt jeder Gläubige von einem betenden Mönch das schmale Band des Glücks um sein Handgelenk gebunden, wobei er einen Obolus für das Wat entrichten kann.

Das Ungewöhnliche an diesem Tempel sind die Hebebuddhas. Aus hellem Stein gemeißelt, warten sie auf einem roten Samtkissen auf die Bitten der Besucher. In kniender Stellung und betend, werden die Hände rechts und links an die Statue gelegt. Auf diese Weise kann der Bittende leise und für sich, seine wichtige Frage an eine höhere Macht stellen. Lautet die Entscheidung der Zukunft „Ja", so schafft es der Betreffende, die sonst sehr schwere Statue hoch über seinen eigenen Kopf zu heben. Bei einem „Nein" wird das Gewicht der gleichen Figur so schwer, dass keiner sie mehr emporheben kann.

Auch Tine, die Zweiflerin, die sich bei ihrem ersten Besuch in Thailand über das Können dieser Hebebuddhas das belustigte Lächeln des ungläubigen Farrangs nicht verkneifen kann, wird eines Besseren belehrt.

Sie stellt ihre Fragen, wobei sie sich beim heftig grinsenden Jake versichert, ob nun Buddha die vorgebrachten Fragen auch in deutscher Sprache verstehen kann. Wer sie beobachtet, sieht, dass die Statue aus Stein sowohl in manchen Fällen über ihrem blonden Kopf schwebt, aber auch, dass diese gerade noch so leichte Figur in keiner Weise mehr von ihrem roten Untergrund wegzubewegen ist.

Gute wie auch schlimme Dinge, die ihr damals vorhergesagt wurden, die sie nie und nimmer für möglich hielt, heute sind sie bereits eingetroffen.

Rund um den Tempel gibt es einen herrlichen Ausblick über den weiten See mit seiner wunderschönen Landschaft. So finden sich die Familien nach Beendigung der Feierlichkeiten in einem der zahlreichen kleinen Restaurants direkt am See wieder, wo es die köstliche Zubereitung eines Fisches gibt. Dick mit einer Kruste aus gebratenem Knoblauch und Gewürzen überzogen, verbreitet er einen wohlriechenden Duft.

Es gibt Vieles im Lande des Buddha, was nicht erklärbar

ist, und nochmals kommt Tine in einem anderen Tempel, bei einem anderen Mönch ins Staunen. Er hat die Seher-Gabe und weissagt ihre weitere Zukunft. Ihr abwehrender Unglaube spiegelt sich nicht nur auf ihrem Gesicht, Tine strahlt es förmlich aus. Der Mönch, der die misstrauische Haltung deutlich spüren kann, beruft sich deshalb auf etwas, das er niemals in seinem Leben gesehen haben kann. Ein von ihm „gesehener" Leberfleck an einer gut versteckten Stelle soll die Wahrheit seiner Worte für Tine unterstreichen. Selbst von den Dingen, die der sehende und weise Mönch ihr beim ersten Mal für die Zukunft vorhergesagt hat, ist vieles gerade dabei, sich in seiner ganzen ungeheuerlichen Pracht zu entfalten und Wirklichkeit zu werden.

Auch im täglichen Leben spielt der Buddhismus bei den Thai eine tragende Rolle. So wird nicht nur für die in die Ferne ziehenden Angehörigen der helfende Schutz Buddhas gesucht, auch bei der Entstehung von Häusern oder bei der Einweihung von Buddha-Räumen wird der allumfassende Schutz erfleht.

Es müssen neun – die magische Zahl – betende Mönche sein, die in früher Morgenstunde den Raum mit ihrem Segen weihen. Amphon hat sich diesen Segen für das Haus und seinen Buddha-Raum gewünscht. So fährt Tine mit dem Auto los, um die Mönche abzuholen. Der große Molamschlafraum wird von der Familie vorbereitet und für jeden der Neune wird einem weichen Sitzkissens ein Platz gerichtet.

Haben alle Mönche ihre Plätze eingenommen, beginnen sie mit den Gebeten und Ritualen, die die bösen Geister aus dem Haus vertreiben sollen, um genügend Platz für die guten Geister zu schaffen. Im neuen Raum werden die Statuen geweiht und hier, wie auch über den vielen Anwesenden vom Dorf, wird mit einem kleinen Reisigbündel das geweihte Wasser großzügig verteilt.

Nach dem Beten werden die Mönche mit Essen versorgt. Es muss sich Fleisch, Fisch, Gemüse und ein Obst mit Reis auf ihren Tellern befinden und den übrig gebliebenen Rest der Mahlzeit verteilen sie an die anwesende Versammlung. Im Anschluss daran bekommt jeder einzelne Mönch von Amphon die gute Gabe des Hauses gereicht, es sind kleine gelbe Kerzen, duftende Blumen und eine Geldspende für das Wat.

Auf diesem Haus und dem neuen Buddha-Raum liegt nun ein Segen, den jeder aus dem Dorf mit in sein Zuhause nehmen kann und somit auch an die Eltern und die Kinder weitergibt.

In der ganzen Weite des Isan gibt es in jedem Dorf und in jeder Stadt einen Tempel, aber keiner ist mit dem anderen vergleichbar. In einigen der groß angelegten Watbereiche befinden sich die Buddha-Schulen, in denen die oft erst 8-10 jährigen Buben in ihren orangenen Kutten auf das Leben als Mönch vorbereitet werden. Dabei erhalten diese armen Kinder eine Schulausbildung und es steht ihnen frei, nach der bestandenen Prüfung wieder in das weltliche Leben zurückzukehren. Es ist für diese Buben die einzige Chance, aus dem Kreislauf der Armut auszubrechen. Leider betrifft es aber nicht die Mädchen, für sie gibt es im Buddhismus keinen vergleichbaren Ausbildungsplatz.

Von den Spenden werden prächtige und reich verzierte Tempel gebaut. Auf deren großzügigen Plätzen kann auch das geliebte Molam aufgeführt werden. Aber nicht alle Tempel drängen auf den öffentlich zur Schau gestellten Reichtum.

Es gibt viele einfach gebaute Gebetshäuser, die das gespendete Geld lieber in wichtige soziale Projekte des Landes fließen lassen. Diese verlangen von sich und den hier lebenden Mitbrüdern die Armut, die das ursprüngliche und obere Gebot Buddhas war. Die Mönche müssen ihr Haupthaar vollkommen abrasieren. Aber selbst hier, bei den verschiedenartigsten Tempeln, gibt es noch etwas anderes, das Tine in Erstaunen versetzt hat.

Ein Mönch mit dem Namen Lousi. Sein Vorbild ist die Geschmeidigkeit der Tiger und so ist auch die von ihm getragene Kutte anzusehen. Es ist ein bräunlich gefärbter Stoff mit breiten Streifen, der an das Fell dieses wilden und stolzen Tieres erinnert. Mit seiner dunklen Haarpracht, die im Nirgendwo zu enden scheint, sitzt er auf einem erhöhten Platz und betet in der gleichen Art wie seine in safrangelb gekleideten Brüder.

Tine bekommt von ihm ein schwarzes, nach Sandelholz duftendes Amulett. Eine große Zahl barfüßiger Mönche zieht auf einer grün ausgelegten Teppichbahn an allen Gläubigen, Tine, Amphon und den Eltern vorüber. Alle stehen aus Ehrerbietung ganz ohne Schuhe da.

Für über 100 Mönche an diesem Tag ist Tines mitgebrachte Opfermenge zu wenig. Eh sich Tine versieht, türmen sich vor ihr wahre Berge von Obst, Milch und Süßigkeiten, denn jeder Gläubige um sie herum hat ihr einen kleinen Teil seiner eigenen Gaben hingelegt. So kann auch Tine in jede hingehaltene Bettelschale der Mönche eine Opfergabe legen und dabei um die Erfüllung ihrer Herzenswünsche bitten.

In jedem Tempel werden die Mönche verehrt, aber auch die Gedenkstätten der Toten üben auf die Gläubigen eine starke Anziehungskraft aus. So wie die Gedenkstätte von Lomphulat, gibt es viele ähnliche Orte. Luangbu Lup ist ein Beschützer anderer Dörfer und sein Gebetshaus steht in der engen Kurve einer Straße, die sich in steilen Serpentinen durch ein kleines Gebirge schlängelt. Ihm huldigen die Menschen nicht nur mit Kerzen, Blumen oder Weihrauchstäbchen. Jeder, der hier mit seinem Moped, dem Auto oder dem Lkw vorbeifährt, betätigt seine Hupe dreimal in den lautesten Tönen und bittet damit um den Segen für eine unfallfreie Weiterfahrt.

Mystische Begebenheiten gibt es auch bei der Verbrennung eines Mönches. Sie unterscheidet sich erheblich von der Beerdigung eines Normalsterblichen. Die Abweichung zeigt sich äußerlich an der Pracht des Festes. Die Rauchschwaden und die übriggebliebenen Knochenreste, selbst bei den Mönchen untereinander, zeigen nach ihrer Verbrennung ein ganz unterschiedliches Bild. Es kommt darauf an, welche der einzelnen Stufen auf dem Pfad ins Nibbana der Betreffende bereits überwunden hat. Nur bei der in einer hellen Rauchschwade aufsteigenden Seele eines Arahant (Erleuchteter) bleiben in der Asche winzig kleine Körnchen zurück, die das Aussehen von buntem Glas haben, wobei es aber keine Rolle spielt, ob er zu Lebzeiten ein dunkler oder ein weißhäutiger Mönch war.

Tine wollte es am Anfang nicht glauben, aber nachdem sie selbst die Verbrennung eines Arahants miterleben durfte und sowohl die helle Rauchschwade als auch die übriggebliebenen Körnchen in der Asche sah, konnte sie sich nicht mehr vor der Wahrheit verschließen.

Das am meisten ersehnte Fest des Jahres ist der Songkran, das traditionelle Neujahrsfest. Am Vorabend dieses Festes (12. April) putzen die Menschen ihre Häuser und verbrennen allen Unrat, da der Schmutz und Abfall aus dem alten Jahr dem Besitzer in dem nun beginnenden neuen Jahr Unglück bringen würde. Früh, bei Sonnenaufgang des ersten Tages gehen Jung und Alt in ihren neuen Kleidern zum Tempel, um in den Opferschalen Reis, Speisen, Früchte oder Zuckerwerk zu Ehren Buddhas darzubringen. Am Nachmittag des gleichen Tages beginnt die Bade-Zeremonie, bei der die Statuen im Tempel mit duftendem Wasser übergossen werden. Mönchen und älteren Mitgliedern der Familie wird als Zeichen des Respekts mit einem leicht parfümierten Wasser die Handfläche bespritzt und durch die Schenkung eines kleinen Handtuchs bekommt man dafür den Segen dieser Älteren. Ein weiterer Dienst an Songkran, ist das religiöse Gedenken an die Verstorbenen. Dabei werden die verkohlten Gebeine der Toten aus ihrer Begräbnisstätte herausgeholt und in einer Zeremonie mit frisch geweihtem Wasser begossen. In unserem Dorf wird dem Schutzgeist Lomphulat von den Bewohnern sein jährliches Opfer in Form von roten Kerzen, Blumen, parfümiertem Wasser und Räucherstäbchen dargebracht. Aber auch durch die Gabe eines heiß dampfenden Huhnes, dem Glas voll klaren Reisschnaps und der bereits entzündeten Zigarette will man ihn erfreuen und ihn um weitere Hilfe bitten. Wenn der rituellen Seite dieses Festes Genüge getan wurde, kann der ausgelassene Teil der Feierlichkeiten beginnen. Die Statuenwaschung geht über in gegenseitiges Bespritzen mit Wasser, das zu einem ausgelassenen Spass wird.

Die Dorfkinder jeder Altersstufe säumen die Straßenränder und warten auf die langsam fahrenden Autos, die Busse oder die ungeschützten Mopedfahrer, um sie mit ihren wassergefüllten Spielzeugpistolen oder mit bunten Eimern in hohem Bogen klatschend zu begießen. Wie groß ist dabei das Gelächter und die Freude, wenn sie bei den ohne Fensterscheiben fahrenden Bussen die Gäste mit ihrer Wasserflut treffen, oder der lächelnd gefasste Motoradfahrer so schnell als möglich flüchten will, tropfnass vom Kopf bis zu den Zehenspitzen.

Der Farrang der Wert auf seine Kleidung legt, oder dessen gestylte Haartracht wichtig ist, sollte die drei Tage des Songkran zu Hause bleiben und die nasse Zeit in seinen vier Wänden verbringen.

Nicht nur die Kinder erfreuen sich an dem Wasserspiel, auch die ältere Generation frönt der spritzenden Tätigkeit auf den offenen Ladeflächen ihrer Autos. Sie fahren den ganzen Tag über Straßen und durch Dörfer, beladen mit gutgefüllten Wasserfässern, die die Munition für ihre Pistolen hergeben. Sie selbst sind nass von Kopf bis Fuß, da die nicht motorisierten Gegner am Straßenrand, mit viel kaltem Wasser treffsicher zurückzuschießen. Die langsame Fahrweise der Autos ermöglicht gut gezielte Schüsse, die nicht nur mit klarem oder gefärbtem Wasser ausgeführt werden. Parfümiertes Puder wird in den Gesichtern der Menschen zerrieben und ergibt für viele Fahrzeuge einen Überzug aus einem mehligen weißen Brei.

Es gibt noch das Kartenspiel, dem in dieser fröhlich feuchten Zeit mit Leidenschaft nachgegangen wird. Es geht dabei oft um Geld das sie nicht haben. Sie spielen heimlich auch zu weniger festlichen Zeiten in versteckten Räumlichkeiten. Eigentlich ist dieses Glücksspiel streng verbotenen, aber die Spieler können dem Nervenkitzel nicht widerstehen. So auch Shird, die vor lauter Karteneifer den bohrenden Hunger ihres Mannes Tinagon Intawong oft vergisst, sodass er aus lauter Wut über die Spielsucht seiner Frau den Küchenschrank in ihrer Abwesenheit mit blossen Händen zertrümmert. Mon und Gogo, die beiden Kinder, flüchten weinend zur Mutter, um sie vom Kartenspiel wegzuholen. Durch ein lecker gekochtes Essen beruhigt sich das aufgebrachte Gemüt ihres Vaters wieder.

So artet diese „Sitte“ an Songkran leicht aus, da das Kartenspiel mit viel Laukau und Bier verbunden ist, das an diesen Tagen in Strömen fließt. Aber nicht nur Shird, auch der jüngste Bruder und ihre Schwester Suai sind am Songkran kaum einmal in der Nähe des Hauses zu erblicken. Amphon verbringt sogar die Nächte außer Haus. Immer ist er in der Hoffnung, dass er mit dieser Beschäftigung zu Reichtum kommt. Dabei übersieht Amphon aber seine Grenzen und bringt nicht nur Tine, sondern die gesamte Familie in Schwierigkeiten.

Nichts als Schulden hat er nun, aber auch hier wird der Mantel des Schweigens ausgebreitet.

Erst viel später wird den beiden klar, welches Drama man vertuschen wollte. Ans Licht kam so viel, dass eine goldene Buddha-Kette von beträchtlichem Wert, aus dem von Jake hergerichteten Buddharaum verschwunden war. Zwar wußte er um die Schulden Amphons, aber gleichzeitig versuchte Suai ihn zu überzeugen, dass vielleicht ein Dieb aus dem Molam die Kette genommen hätte. Bei Konsultation eines Mönches mit der Gabe der Seher wurde Jake berichtet, dass ein weibliches Wesen diese Kette an sich genommen hat.

Tine, die nicht aufhören will, nach der Wahrheit zu bohren, wird von Poh Peng der Mund verboten. Ihr „Ehemann", der ihr nicht mehr in die Augen sehen kann, schwört auf die Statue von Buddha, dass er diese Kette nicht genommen hat. Die Spielschulden streitet er immerhin nicht ab, da er offensichtlich den goldenen „Ehe"-Ring einem Händler veräußerte.

Wie immer hält die Thai-Familie fest zusammen, um nach außen das Gesicht zu wahren. Eine Familie, die sogar vier eigene Farrangs „besitzt", sollte eigentlich immer genügend Geld haben und so stehen die Weißhäutigen, die ewigen Fremden, wieder vor einer Mauer des lügenden Schweigens.

Vielleicht hat die von Amphon zu Hilfe gerufene Schwester Suai auf Anordnung des Vaters die wertvolle Kette aus dem Buddha-Raum stehlen müssen? Jake und Tine werden die Wahrheit nie erfahren.

Das Misstrauen wird für Tine zu einem immer größeren Problem. Sie fängt an, die ganze Thai-Familie mit anderen Augen zu sehen. Ihre Beobachtungsgabe zeigt ihr immer mehr die finsteren Charaktere dieser Menschen und deckt manche gut versteckte Lüge auf. Auch ihr gutes Verhältnis zu Amphon, dem sie immer eine hilfreiche und verständnisvolle Partnerin sein wollte, beginnt sich zu verändern.

Sie hatte dem vom Schicksal Gebeutelten Hilfe geben. Zu ihrem Leidwesen bemerkt sie aber immer mehr, dass auch Amphon, genau wie seine Schwester Suai, den Status der Farrang-Ehe ausnützt und die herausgeschlagenen Vorteile und Gelder für die Familie verwendet. Bestärkt wird er durch die besondere Lage, da es keinen Thaimann in der Umgebung gibt, der eine weißhäutige Frau sein „Eigen" nennen kann.

Tine begreift immer mehr, daß sie Besitz für ihn ist. Genau wie Jake findet sie sich in einer Art Gefängnis wieder. Sie darf sich nur auf dem eigenen Areal frei bewegen. Bei Ausflügen mit dem Auto oder zu Fuß ist Amphon als treuer Begleiter an ihrer Seite und die Kinder werden ihr umgehend nachgeschickt, sollte Tine einmal den Versuch wagen, sich alleine im Dorf umschauen zu wollen.

Das nicht mehr zu ertragende Gefängnis und die Lügen veranlassen Tine, die Flucht zu ergreifen, bevor sich ihr Leben und das ihres Sohnes noch schlimmer verändern kann. Dazu kommt, dass Amphon in jungen Jahren schädliche Drogen geraucht hat. Erste Anzeichen einer Geisteskrankheit sind zu erkennen.

Tine und Roger lernen, dass es nicht nur solche Menschen in Thailand gibt. Ihnen werden noch viele hilfsbereite und ehrliche Thaifamilien zeigen, dass es Freundschaften gibt, auf die man sich in jeder Lebenslage verlassen kann.

Songkran ist nicht das einzige Fest, welches das eintönige Leben der Landbewohner unterbricht. Überall werden die gleichen Feste gefeiert. Nur die Ausführung liegt in der Stadt auf einer anderen Ebene. Immer jedoch gilt die Inschrift aus dem 13. Jahrhundert:

„Wer fröhlich sein will soll es tun!"

Nach diesem Motto feiern die Thai so oft es geht, am liebsten aber jeden Monat. So wird im Land des Reisanbaus dem im Mai stattfindenden Fest der jährlichen Pflugzeremonie viel Symbolik beigemessen.

In früheren Zeiten wurde vom König ein Fürst des Feldes bestimmt, der in einem festlich herausgeputzten Ochsengespann die Zeremonie anführte. Einem der Ochsen wurden kleine Pflänzchen der verschiedenen Reissorten angeboten und die Sorte, der der Ochse die meiste Aufmerksamkeit beim Verspeisen schenkte, wurde von den Bauern als die am besten gedeihende des Jahres erkannt und angebaut.

Heutezutage wird in jedem kleinen Dorf ein Auto mit einer Ladefläche festlich hergerichtet und dem neuen Fürst des Feldes in einem Umzug mit lauter Musik auf dem Weg zum Wat gehuldigt. Neben ihm sitzt seine Gattin und zu Füßen der beiden kauert das männliche Kind.

Buben in der braunen Schuluniform gehen in zwei Reihen nebeneinander und tragen kleine Reispflanzen in ihren Händen. Sie lächeln stolz und sind sich ihrer wichtigen Aufgabe bewusst, während die Mädchen in bunt schillernden Kleidern die Spitze des Umzuges bilden. Traditionell gekleidete Schönheiten des Dorfes begleiten mit kreisenden Hüften den Zug, daneben wild tanzende Männer mit Trommeln, die eine gute Regenzeit heraufbeschwören wollen. Der in Körbchen mitgetragene Reis wird im Wat von den Mönchen gesegnet und als Saatgut an die Bevölkerung verteilt. Damit bekommt jeder Bauer die gleiche Chance auf eine ertragreiche Ernte.

Zur Belustigung der Zuschauer wird ein Teil des Festplatzes mit Hilfe großer Mengen Wassers in einen Schlammpfuhl verwandelt, in dem sich die bereits kräftig angetrunkenen Männer mit sichtlicher Wonne wälzen, sehr zur Begeisterung ihrer Söhne. Bis tief in die Nacht dauert die Festlichkeit, bei der um eine gute Reiszeit gebetet wird. Danach kommt das Fest am zweiten Wochenende im Mai, kurz vor dem Einsetzen der Regenzeit. Hierbei werden selbst gebaute Raketen, konstruiert aus Bambus oder blauen Rohren, abgefeuert. Die Bauern wollen sicherstellen, dass zur Pflanzzeit auch genügend Regen fällt. Die schönste Rakete und der weiteste Flug wird von einer Jury mit einem Geldpreis prämiert.

Im Wonnemonat Mai wird die sprichwörtliche Inschrift des 13. Jahrhunderts voll ausgekostet. Danach steht ein anderes Fest der vor der Tür, das nur im Tempel und im engsten Familienkreis gefeiert wird.

In einer langen Kerzenprozession umrunden alle den Mittelpunkt, das Gebetshaus des Tempels und erinnern damit an Geburt, Erleuchtung und den Tod Buddhas. Geht man an diesem Abend des 12. Mai den sonst dunklen Weg nach Hause, so ist er hell erleuchtet von vielen brennenden Kerzen, die jeder Bewohner auf seiner Mauer entzündet hat. Tine verspürt in dem Lichtermeer ein Ziehen in der Nähe des Herzens. Mit geschlossenen Augen sieht sie die weihnachtliche Kerzenpracht ihrer Heimatland vorüberziehen. Ihr wird es warm ums Herz. Fröhlich lächelnd geht sie heim und lässt manche Sorge bei den hell brennenden Kerzen zurück.

Frisch gestärkt durch die vielen Feierlichkeiten, warten alle Familien auf den erlösenden Regen, der den Beginn der Arbeit auf den Reisfeldern zeigt. Selbst das Molam hat jetzt eine Pause, da die Bühne im Freien steht und ungeschützt vor der herabprasselnden Regenflut des Monsun ist. So finden die Künstler, die in ihrem normalen Leben Bauern sind, für die Bepflanzung ihrer Felder genügend Zeit.

„Wer nicht arbeitet bekommt kein Geld." Mit dieser Entscheidung bleibt Jake weiterhin Helfer der Familie. Keiner soll ihm mehr, wie bisher, einfach nur die leeren Hände hinstrecken. Jake will ihnen das ganze Jahr über die Möglichkeit eines Verdienstes schaffen, den sie selbst mitbestimmen können. Deshalb kauft er einen gebrauchten Sib-Lor und einen neuen Hok-Lor, so werden hier die Lkws nach der Anzahl ihrer Räder benannt (Sib – zehn, Hok – sechs). Der unmusikalische Tinagon Intawong beansprucht zusammen mit seiner Frau Shird den größeren der beiden Trucks. Die Brüder können sich in dem zweiten Lkw als Beifahrer abwechseln.

Amphon nützt das Angebot von Jake sehr selten. Er kann während solcher Arbeitszeit nicht auf Tine „aufpassen" und er hat sowieso die gleiche Meinung wie Suai:

‚Ein Farrang muss den buddhistisch angetrauten Thai samt seiner Familie ohne zu murren mit Geld versorgen, egal ob Mann oder Frau.'

Deshalb stellt Tinagon Intawong einen zweiten Fahrer ein und ernennt sich selbst zum Chef „seines" kleinen Unternehmens. Jake, der ihm noch vertraut, bemerkt zu spät, dass sich das Geschäft zu einem Familienunternehmen ohne ihn entwickelt hat. Tinagon Intawong zeigt Jake Abrechnungen, die immer betrügerischer werden. Sowohl die Verwarnungsgelder der Polizei wie auch die angeblichen Reparaturen schnellen in ungeahnte Höhen. Die Familie steht sowieso auf dem Standpunkt:

‚Die Investition eines Farrang in ein Geschäft ist als ein Geschenk an die Familie zu betrachten, bei dem er selbst kein Recht hat, noch etwas zu verdienen.'

Es ist ein schwerwiegendes Problem vieler Farrangs, dass sie die in Thai geschriebenen Verträge weder lesen noch schreiben können. Hier hat eine betrügerische Familie leichtes Spiel.

So erging es Jake beim Kauf des großen Grundstückes. Erst Jahre später erfuhr er, was sich abspielte und warum er bei Anfragen nie die vollständigen Papiere in seine Hände bekam. Heute weiß er, dass der geschäftstüchtige Vater Poh Peng auf den Kaufpreis noch die Schulden eines Freundes aufgeschlagen hatte und dies als wahren Kaufpreises ausgab. Warum hätte Jake es nicht glauben sollen, als die Welt für ihn noch in Ordnung war?

Der Vater, als der Retter seines Freundes, bekommt bis an sein Lebensende von jenem eine kleine monatliche Rente ausbezahlt.

So gab sich Jake der Illusion hin, diese Geschäfte auch für seine Zukunft mitnutzen zu können. Mit den Investitionen wollte er sowohl der Familie helfen, als auch für sich selbst eine Möglichkeit schaffen, unabhängig von seiner Arbeit eine Einnahmequelle in Thailand zu haben.

Damit beginnt die schlimmste Zeit für Jake. Die Gier der Familie erreicht ihren Höhepunkt und sie nehmen ihn so lange aus wie er es zulässt, da er selbst die Augen öffnen muss. Auch muss er die Tatsache ihrer Boshaftigkeit und Hinterlist erst akzeptieren, wobei sein Bild einer friedlichen Zusammengehörigkeit in der Familie anfängt, sich in Luft aufzulösen.

Erst dann wird er fähig, den Riegel vorzuschieben und die Bande zu diesen Menschen aufzulösen.

Alle von Jake gekauften Ländereien und die Häuser wurden im blauen Hausbuch auf Suais Namen und die Familie gekauft und eingetragen. Ein Farrang kann in Thailand keinen Grundbesitz auf seinen Namen kaufen. Nach der Scheidung von Suai und der seelichen Trennung von der Familie schafft es Jake, einen wichtigen Teil der Angelegenheiten zu seinen Gunsten zu regeln. Allerdings ist er nach Landesvorschrift noch immer von Suais Unterschrift abhängig. Solange muss er noch eine schlimme Zeit in „seinem" Haus verbringen.

Jake und Tine haben immer wie Pech und Schwefel zusammengehalten und konnten sich in jeder Situation aufeinander verlassen. Doch sie flüchtet vor den Machenschaften und Intrigen der Familie in die Stadt. Auch Roger, der seine Freunde hier hat, ist froh und glücklich, nicht mehr im Dorf leben zu müssen, auch wenn sie ihr Haus und noch viel mehr an Amphon und die Familie verloren haben.

II. Die Menschen – Das Leben in der Stadt

Eine Stadt im Isan. Was kann das menschliche Auge erkennen, welche geheimnisvollen Dinge gilt es zu entdecken? Es gibt große und kleine, die modernen, aber auch die altmodischeren Städte hier.

Bangkok strahlt mit den gläsernen Fassaden der Wolkenkratzer im Flair einer modernen Weltstadt und zeigt sich mit seinem dichten Verkehr in einem völlig anderen Bild als Pattaya. Mit mächtigen Hotelanlagen, viel besuchten Bavaria-Restaurants, niedlichen Touristenläden am Meer und den nach Kräutern und Gewürzen duftenden Märkten ist es eine gute Mischung aus Moderne und thailändischer Tradition.

Ähnlich wie diese Unterschiede im Süden des Landes, erkennt man die unterschiedlichen Merkmale im Isan, die sich zwischen Dörfern und Städten auftun.

Auch in der Stadt sind die Menschen zurückhaltend. Ihre Gesichtszüge können sich jedoch in Sekundenschnelle verändern, wenn eine weißhäutige Frau ihnen freundlich lächelnd in die Augen schaut. Strahlender kann ihr Gegengruß nicht sein, wobei das Müll sammelnde Mütterchen die vom Farrang dargebrachte Ehrerbietung vor dem Wesenskern des Menschen in der richtigen Weise begreift und das von ihr zurückgegebene Lächeln tief aus einem Herzen der Dankbarkeit zu kommen scheint. So kann Tine sehr wohl den freudig blitzenden vom scheuen Blick des Menschen unterscheiden, dem nicht oft die Achtung eines anderen zuteil wird.

Hier gibt es diese besondere Mischung von arm und reich, ländlich und modern. Oft verraten die Kleidung und der Isaner Dialekt, zu welcher Bevölkerungsschicht jemand zu zählen ist. Ländliche Kleidung, besonders die der Frauen, zeigt sich im Rock, der nur aus einer an der Seite zusammengenähten Stoffbahn besteht. Hineingeschlüpft, zieht man diese über dem Bauch nach vorn, hält sie mit der linken Hand in der Höhe des Nabels fest und schlägt die rechte Seite so darüber, dass nach der Befestigung durch einen silbernen Gürtel, die senkrechte Falte unter der Hüfte ihre gute Form behalten kann. Fest und sicher öffnet sich bei jedem flotten Schritt der seitliche Schlitz des Rockes und ergibt so ein günstiges und bequem zu tragendes Kleidungsstück. Den unteren Rand des Rockes ziert oft ein breites, buntgewebtes Trachtenband und die Vielfalt der Stoffe reicht von der einfachst gemusterten, ländlichen Baumwolle, bis hin zur glänzend teuren Seide, die es in allen möglichen Mustern und Farben zu kaufen gibt.

Ein Stoffgeschäft neben dem anderen säumt das Straßenbild. Jeder will das Besondere bieten, egal ob es sich um die glitzernden Stoffe der Tanz- und Molamkleidung dreht oder ob der Käufer nach einem biederen Stoff für die täglich getragenen Anzüge der Geschäftsleute sucht. Der Schönste aller Läden, bei dem sich Tine als Molam-Schneiderin mit den von ihr benötigten Dingen eindeckte, liegt in unmittelbarer Nähe des Kleidermarktes und hat eine Auswahl der besten Stoffe die man sich nur vorstellen kann.

Hauchdünne, mit Samtblumen und kleinen Glitzersteinchen besetzte Stoffe findet sie ebenso wie die mit Pailletten verzierten. Sie glänzen herrlich in den buntesten Farben. Feinen Samt kann man erstehen, ebenso eine Auswahl matt glänzenden Stoffes, der in sich selbst gemustert ist und für die Herstellung von Festtagskleidung verwendet wird. Dünne weiße Baumwollstoffe und schwarze, knitterfreie Tuche für die Röcke finden sich. Diese Stoffe werden von den in einem Tempel lebenden weiblichen Laien benötigt, deren Kleidung aus dunklen Röcken und speziell geschnittenen weißen Blusen besteht.

Die Läden bieten alles. Das Garn, die dicken oder dünnen Nähnadeln, schmückendes Zubehör oder was sonst noch zur Schneiderei gebraucht wird.

Nicht alle, die sich mit aufwändiger Festtracht kleiden wollen, sind mit einer Nähmaschine ausgerüstet und nicht jeder hat die Zeit und das Geschick für diese Arbeit. Für sie gibt es die kleinen Nähstuben, die, nach Geschlechtern getrennt, den Kunden ihre Dienste anbieten.

Die Damen der besseren Gesellschaft lassen sich bei ihrem eigenen Schneider die gewünschten Kostüme nach eigener Vorstellung nähen. Männer, die als Lehrer oder Beamte eine besondere Art der Uniform zu tragen haben, bekommen sie bei ihrem Herrenschneider zu einem guten Preis.

An vielen Straßenecken, direkt auf dem Bürgersteig, befinden sich die transportablen Nähereien der Stadt. Sie stehen mit ihren alten mechanischen Maschinen nahe bei einem Stoffgeschäft und warten auf laufende Kundschaft.

Andere Länder, andere Sitten, das zeigt sich besonders am Schuhwerk vieler Thai. Wegen der ständigen Hitze tragen sie, besonders auf dem Lande, was Tine bisher als Badeschlappen kannte. Sie sind die absoluten Favoriten, in den tollsten Farben, den unterschiedlichsten Formen. Aber nicht immer und überall können sie getragen werden. Dann braucht es schwarze hochhackige Pumps, die wegen der strahlenden Sonne ohne kurze Söckchen, aber auch ohne hauchdünne Nylonstrumpfhosen getragen werden dürfen.

Die geschäftlichen Anzugträger, aber auch Lehrer, Bedienstete des Staates, Polizisten, Uniformträger und alle, die sich wichtig nehmen, tragen schwarzpolierte Schuhe, meist mit dazu passenden dunklen Socken. Aber auch der heiß geliebte Turnschuh hat seine Anhänger, besonders unter den Jugendlichen.

Übrig bleiben noch die netten Kathoys, die Farrang-Fängerinnen und die Damen, die dem von der Landbevölkerung getragenen billigen Schuhwerk abschwören und sich lieber mit hochhackigen, oft perlenverzierten Schuhen in stöckelnder Weise durch die heißen Straßen quälen. Ihnen sieht man schon von weitem an, dass sie am liebsten barfuß gehen würden.

Die Stadtmode erinnert Tine an die Flower-Power-Kleidung der Hippies. Es gibt auch Ähnlichkeit mit den indischen Shops in ihrem Heimatland, bei denen sie als Teenager Röcke und rüschenbesetzte Blusen kaufte.

Die noch jugendliche Dame der Stadt, wie die Schönheiten des Dorfes, schmücken sich mit luftigen und weitgeschnittenen Blusen, verziert mit Blumen oder Spitzen.

In der Männermode dominieren die einfach geschnittenen T-Shirts, sie wechseln sich ab mit bunten Fussball-Trikots aus aller Welt, während die ältere Generation, wie auch die schicken Geschäftsleute, den bunt gestreiften oder den einfarbigen Hemden den Vorrang geben. Nicht nur Lehrer und Beamte, selbst Bankangestellte und die normale Bevölkerung kleidet sich gerne mit dem gelben oder dem rosa Shirt. Es ist ein besonderes Kleidungsstück, das mit dem Wappen auf der Brust die Verbindung zum Königshaus darstellt. Ähnlich wie das orangefarbene Band aus festem Gummi, das die Handgelenke vieler Menschen ziert.

Nationalstolz, Königstreue, Verehrung sind keine Fremdwörter für die hiesige Bevölkerung.

In den Schulen findet der morgendliche Fahnenappell unter den Klängen der Nationalhymne statt, in allen Winkeln des Landes wird jeden Tag um 8 Uhr in der Frühe und abends 18 Uhr die Hymne im Radio gespielt. Auf dem Flughafen, im

TAXI
สก 591

Supermarkt, beim Joggen.... egal wo, überall stehen die Menschen stramm und unterbrechen ihre Arbeit, bis der letzte Ton verklungen ist.

In der langen Zeit, die Tine in der Stadt verbringt, hat sie einige Paar Schuhe durchgelaufen. Durch den Umzug vom Dorf steht sie nun mit Roger allein in der fremden Stadt, die sie nur durch ihre früheren Einkäufe kennt. Hier beginnt ein neuer Lebensabschnitt, der sich noch als äußerst interessant und vielfältig erweisen wird, auch wenn die Angst vor diesem Unbekannten ihr im ersten Moment die Luft zum Atmen nimmt und ihre Stimmung zu erdrücken droht.

Jake und Tine sind immer noch in Freundschaft verbunden, aber er kann ihr nur wenig helfen. Er hat mit den Schwierigkeiten und Intrigen der Familie zu kämpfen.

Nach und nach schafft sie es, das Leben mit ihrem Sohn in den Griff zu bekommen. Gelegentliche Telefongespräche helfen Tine und Jake, die schwere Zeit der harten Prüfungen zu bestehen. Denn das eine Ziel, der gemeinsame Traum, hält sie in magisch im Bann und lässt sie nicht mehr los:

Der Bau des Tschau Poh Lungrad Kinderdorfes!!!

So versuchen beide, vorübergehend auf getrennten Wegen, der Verwirklichung des Traumes näher zu kommen. Jake stellt mit Hilfe guter Geister, hochgestellter Persönlichkeiten und seinem eigenen Ehrgeiz die zerbrochene Existenz der beiden wieder auf stabile Beine. Er will der habgierigen Familie nicht kampflos alles überlassen, worauf sie in ihrer einfältigen Art spekuliert hatten.

Indessen geht Tine einen Weg, der sie nach vielen Irr- und Umwegen doch in die Nähe ihres Zieles bringt.

Triste Einsamkeit – echte und falsche Freunde – freundschaftlicher Kontakt zu anderen Menschen.

Tine muß mit dem Alleinsein fertig werden und Möglichkeiten finden, neue Menschen kennenzulernen, deren Sprache sie nur bedingt versteht und spricht.

Mit Englisch hat sie kein Problem, doch kaum jemand in Udon Thani ist dieser Sprache mächtig. Roger geht frühmorgens aus dem Haus und kommt erst spätnachmittags zurück. Er will jetzt, mit seinen fast 15 Jahren, das Leben eines Jugendlichen auskosten. Viel zu lange hat Roger unter der dörflichen Enge und der Familie leiden müssen.

Er trifft sich nach dem Unterricht mit seinen Freunden auf dem nahen Tennisplatz oder dem Basketballplatz der Schule, aber auch im nahen Kaufhauskomplex, einem beliebten Treffpunkt der Jugendlichen. Hier können sie Bowling spielen, die neuesten Filme in dem fürstlichen Kino erleben oder sich einen fast echten Hamburger schmecken lassen.

Tine begreift, dass die Stadt zu Fuß und mit Bussen zu erkunden, der beste Weg ist, Menschen zu treffen. Sie muss einfach durch alle Winkel und Gassen streifen. Ihr waches Augen und offenes Herz signalisiert den Menschen, dass sie keine erlebnishungrige Touristin ist, sondern dass sie echte, menschlich warme Kontakte finden will.

Die letzten drei Jahre auf dem engen Dorf erzeugten Bewegungsdrang. So entstehen die durchgelaufenen Schuhe auf weiten Wegen, die Stadt zu erkunden. Vielleicht findet sie hier das andere Gesicht, das der städtischen Menschen.

Sie trifft die verschiedensten Charaktere. Menschen, die

ähnlich wie die Familie im Dorf, nur auf ihren Vorteil und das Ausnützen des Farrangs ausgerichtet sind. Das erkennt Tine sofort an den falschen Augen. Sie trifft auf gute Menschen, die kommen und gehen, und sie findet auch die wahren echten Freunde, bei denen die Hilfe aus einem Herzen der Liebe kommt. Es sind diese besonderen Freunde, die Tine ein Leben lang in Ehren halten und nie wieder vergessen wird, egal auf welchem Fleck der Erde sie in Zukunft leben darf.

Ein gültiges Visum ist wichtig für alle Farrangs, die mehr als nur einen Sommerurlaub verbringen möchten. Mit der zuständigen Einwanderungsbehörde sollte sich keiner anlegen, denn er wird bei einem Streit immer den Kürzeren ziehen.

Anfangs war es für Tine noch leicht, ein Visum zu bekommen. Dafür brauchte sie nur ihren Pass, Papiere und die Gebühr in einem Spezialbrief an die thailändische Botschaft ihres Heimatlandes zu schicken. Mit diesem einjährigen Visum musste sie dann, immer im Abstand von drei Monaten, das Land für kurze Zeit verlassen. Das kann nach Laos, ganz unten im Süden nach Malaysia oder in ein anderes Nachbarland sein. Es gibt kleine Büros, die einem Farrang bei dieser Tour behilflich sind, aber das erhöht die Kosten unnötig. So stürzt sich Tine lieber in das spannende Abenteuer eines Ausflugs nach Laos und betrachtet das Erlebnis als eine Art außergewöhnlichen Urlaubstag.

Die Busse im Isan sind etwas Besonderes. Es gibt zwar die modernen, bequemen Reisebusse mit Klimaanlage und den gerüschten Vorhängen an den Fenstern. Tine sieht aber auch andere Busse. Dort muss meist die Falttüre vom zuständigen Busbegleiter von Hand zugezogen werden.

Es ist schwül und drückend heiß im Bus mit der natürlichen Klimaanlage der offenen Fenster. Selbst die Ventilatoren an der Decke bringen keine Erleichterung für die schwitzenden Fahrgäste. Kein TÜV würde diesem alten Gefährt vertrauen.

Es tuckert in aller Ruhe nach Nong Khai, nur unterbrochen vom Zustieg neuer Passagiere, die an den schattig überdachten Haltestellen geduldig auf seine Ankunft gewartet haben. Der Fahrgast meldet sein Ziel bei der Busbegleiterin an, die jeden an dem von ihm gewünschten Ort aussteigen lässt. Sie kassiert den Fahrpreis und deponiert das Geld in einem schwarzen Beutel, den sie um ihren Bauch gebundenen hat.

Das gleichmäßige Ruckeln und Schaukeln wird langsamer, eine Fahrtunterbrechnung kündigt sich an. Der Bus hält an einer modernen Tankstelle. Hier gibt es in Thailand keine Selbstbedienung. Eifrige jugendliche Kids in einer ansprechenden Uniform füllen das benötigte Diesel in den Tank, kassieren den zu zahlenden Betrag und reinigen die verschmutzten Scheiben. Kein Fahrer braucht auszusteigen, bezahlt wird aus dem Autofenster heraus.

Auch Mopedfahrer können sich hier zu einem Mindestbetrag bedienen lassen, was aber finanziell nicht für jeden machbar ist. Deshalb stehen am Straßenrand verteilt kleine Tische mit aufgespannten Sonnenschirmen, an denen für wenig Geld Benzin in Whiskeyflaschen gekauft werden kann.

Im warmen Windzug, der durch die offenen Fenster das Haar zerzaust, an die heiße Scheibe der Busstür gelehnt, zieht eine abwechslungsreiche Landschaft vorüber. Ein Mitfahrer legt das müde Haupt auf die Schultern seiner Frau und schläft, bis der Bus an eine Sperre kommt und ein braungekleideter Hüter des Gesetzes in der schmalen Vordertür erscheint. Er trägt einen rot-weißen Helm auf dem Kopf und wird von Schülern in Uniform begleitet. Sie müssen mit seiner Hilfe eine Umfrage für die Schule machen. Keiner der im Bus Anwesenden wird verschont, und bei den Farrangs darf der Schüler mit den besten Englischkenntnissen sein Können unter Beweis stellen.

Bei der Frage, woher sie kommt, fällt Tine nichts besseres ein als zu sagen: aus Udon Thani. Im Gesicht des Polizisten breitet sich ein Schmunzeln aus und die ratlos blickenden Augen des Schülers verraten ihr, dass die Frage auf ihr Heimatland gemünzt war. So berichtigt sie, ebenfalls lachend – aber vielleicht lebt sie doch schon viel zu lange in diesem Land?

Mit mäßiger Geschwindigkeit brummelt der Bus nun seinen Weg entlang und zieht eine mächtige schwarze Rauchwolke hinter sich her. Nach einer weiteren Stunde erreicht er Nong Khai. An der Kreuzung kurz vor der Innenstadt führt eine Abzweigung zur berühmten Friendship Bridge, die ihren Bogen über den Mekong River nach Laos spannt. Das ist der Weg, den jeder Farrang einschlagen muss, um den Visumstempel für seinen Pass zu erhalten.

Der Fahrer unterbricht die abenteuerliche Reise. Der Grenzgänger kann in ein wartendes TukTuk umsteigen, das ihn direkt an die Grenzstation nach Laos bringt. Zuerst sollte er aber über den Fahrpreis verhandeln. Wer noch nie mit einem TukTuk gefahren ist, oder zu große Hemmungen hat, im voraus um einen fairen Preis zu feilschen, der muss den üblichen „Touristenausnehmpreis" bezahlen. Wenn er die Nase voll hat wird er mutiger an die Sache herangehen.

Im gekühlten Grenzerhäuschen der Immigration wird das eingeheftete Formular mit dem Stempel entfernt und das Ausreisedatum in den Pass gestempelt. Mit dem Bus fährt Tine über den Mekong-River. Die Reifen werden mit Hilfe von Chemie machmal von der Hühnerpest und ein anderes Mal von der gefürchteten Schweinegrippe befreit. Anschliessend wird in Laos ein Einreisevisum von 2 Wochen zu einem stattlichen Preis erworben. Die Unterlagen, das Geld und ein Passbild werden am ersten Schalter abgegeben. Tine beobachtet die noch geschlossene Klappe des zweiten Schalters, bis sie ihren Pass mit dem Einreisestempel nach Laos erkennen kann.

Die Fahrt mit dem bereitstehenden TukTuk nach Vientiane dauert etwa vierzig Minuten. Es ist die nächstgelegene Stadt mit thailändischer Botschaft. Tine vertraut sich dem freundlichen Fahrer an, der sie bis an den Eingang der Botschaft bringen soll.

Es gibt einige Unterschiede in diesem Nachbarland. Beim Verlassen der Grenzanlage fahren sie über frisch geteerte Straßen. Noch deutlicher springt Tine der Rechtsverkehr ins Auge, denn es ist die „richtige" Seite der Fahrbahn, auf der sie in Deutschland ihren Führerschein gemacht hat.

Der Linksverkehr in Thailand war eine schwierige Umstellung. Daran hatte sie sich gewöhnt, nachdem der Fensterhebel nicht mehr als Knüppel für das Schalten des Autos herhalten musste und sie beim Abbiegen nur noch selten den Hebel des Scheibenwischers mit dem des Blinkers verwechselte.

Auch in Laos sind beide Straßenseiten mit kleinen Läden gesäumt. Es geht vorbei an modernen Fabriken, auf deren Gelände die Arbeiter in gleicher Montur erkennbar sind. Kinder in Uniformen sind auf dem Weg zur Schule und Tine sieht die dunkel gemusterten Laosröcke mit ihrer langen Falte und der bunten Bordüre am Saum. Dazu tragen die Mädchen eine einfach geschnittene Bluse. Die Buben sind mit langen schwarzen Hosen und einem weißen Hemd bekleidet. Beim Schuhwerk gibt es allem Anschein nach keine Vorschriften.

Auf der thailändischen Botschaft kann Tine nur am Vormittag die geforderten Papiere für ihr gewünschtes Touristenvisum abgeben und muss nun, wie viele andere auch, die Nacht in einem Hotelbett verbringen. Erst am Nachmittag des nächsten Tages ist es soweit und Tine ist überglücklich, weil sie die drei Monate bekommen hat. Zurück an der Grenzstation zahlt Tine noch einmal den Betrag für die Reinhaltung der Anlage, fährt mit einem Mini-Bus an Duty Free Shops vorbei und bekommt zum Schluß den heiß ersehnten Einreisestempel in ihren Pass.

Vorschriften und Regeln ändern sich ständig. Inzwischen muß ein Farrang für das einjährige Non Immigrant B Visum in seine Heimat fliegen und sich dort persönlich an der Königlich Thailändischen Botschaft vorstellen.

Roger, der keine Ferien mehr hat, verbringt die Wochentage bei einer liebevollen Thai-Familie in der Stadt. Ihre beiden Kinder besuchen ebenfalls die Don Bosco Schule. Das Wochenende verbringt er bei Jake, der Tine versprochen hat, auf ihren Sohn gut aufzupassen.

Selbst im Urlaub geht ihr dieses Kinderdorf nicht mehr aus dem Sinn. Die Freundin, bei der sie Rat und Hilfe sucht, bringt sie durch ihre nebenberufliche Tätigkeit - sie ist Moderatorin einer Travestiegruppe - mit den Künstlern hinter der Bühne in Kontakt, wobei Tine eine große Ähnlichkeit mit ihrem Molam in Thailand feststellen kann. Plakate werden ausgetauscht und sie erlebt hautnah den schwierigen und doch interessanten Alltag eines Travestiekünstlers. Chris, die Freundin, ist wie sie selbst für die Instandhaltung aller Kostüme verantwortlich und so darf sie ihr bei der Beschaffung des benötigten Zubehörs behilflich sein.

Glänzende Steine, Pailletten in vielen Farben und Formen sind die Kleinigkeiten, um ein exquisit aussehendes Kleid zu erstellen. Sie braucht aber auch verschiedenste Stoffe, schwarze oder weiße Federboas, aufwendig gearbeitete Halsketten und Ohrringe aus Strass oder funkelnde Kronen. Das alles ist in Thailand günstig zu beziehen, hier aber mit Preisen versehen, über die Tine nur ungläubig den Kopf schütteln kann. Drei Geschäfte müssen die beiden aufsuchen, um auch nur annähernd zu bekommen was die Freundin so dringend für ihre Arbeit benötigt.

Zurück in Thailand entsteht die Idee, durch Verkäufe zur Finanzierung des Kinderdorfes beizutragen.

So verbringt Tine die meiste Zeit der nächsten Monate in einem Internet-Cafe, die es zu Dutzenden in der Stadt gibt. Es gelingt ihr, menschlich warme Kontakte zu knüpfen, die nicht nur von kurzer Dauer sind. Travestiekünstler aus aller Welt wie auch die Dragqueen aus Holland schreiben sie an, und zeigen ihr mitfühlendes Herz. Sie alle wollen mit einer besonders ausfallenden Benefiz-Gala helfen, damit das Kinderdorf bald mit fröhlich lachenden Kindern gefüllt sein wird. Danke!

Das Internet-Cafe ist ein beliebter Treffpunkt der Schüler, nicht nur nach dem Unterricht. Tine beobachtet ihre Lust, stundenlang das gleiche Spiel mit sichtlicher Hingabe zu spielen. Sie kann die Reaktion der Schulen und der Lehrer nachvollziehen, die mit polizeilichen Kontrollen ein strikt einzuhaltendes Verbot beantragen, sodass kein Schüler mehr vor 14 Uhr in seiner Uniform ein Internet-Cafe betreten darf. Ausgenommen sind Studenten der Universität, die man an ihrer Kleidung und den silbernen Schulabzeichen erkennen kann. Sie benötigen das Internet für ihre Vorträge und Referate und sie surfen oft lieber durch das Netz und flirten mit netten Leuten auf der ganzen Welt. Manche Studentin ist bestrebt, sich auf diesem Weg einen vielleicht reichen Ehemann zu angeln, der sie zu sich in sein Heimatland holt.

Der Verdienst und das Leben der Stadtbewohner ist oft abhängig von den Öffnungszeiten der Schulen. Ferien bedeuten keinen Verdienst zu haben, zumindest aber ein kleineres Einkommen.

In den von Wachsoldaten beschützten Appartmenthäusern teilen sich zwei oder gar mehrere Jugendliche vom Land ein einziges Zimmer und bevölkern an den Wochentagen die Stadt. Die tägliche Busfahrt nach Hause ist teuer und das Dorf liegt in der Regel viel zu weit entfernt. In Ermangelung des Hotels Mama versorgen sich die Schüler an den Essenständen und über den Tischen ergießt sich eine wahre Flut von hungrigen jungen Leuten. Für die tägliche Reinigung der Uniformen finden sie unzählige kleine Waschsalons. Genutzt werden diese aber auch von berufstätigen Müttern. So genießt auch Tine gern den günstigen Service.

Durch die langen Öffnungszeiten der Läden spielt sich ein wichtiger Teil des Familienlebens im Freien ab. Die Tische für das Abendessen werden auf den Bürgersteig gestellt, man sitzt in geselliger Runde mit den Nachbarn beisammen und genießt die angenehme Kühle des Abends.

Bei der täglichen Arbeit in einem dieser Internet-Cafes bekommt Tine einen Einblick in die Familiengeschichte dieser Thai.

Roger verbringt seine Sommerferien wie jedes Jahr in Deutschland bei der Familie und in dieser Zeit des Alleinseins sorgen sich all die Menschen in rührendster Weise um sie, selbst der nette, 15-jährige Sohn legt Tine, die jeden Tag mit den Tücken eines Computers kämpft, ein Stück seiner eigenen Schokolade hin.

Im hinteren Bereich des Hauses spielt sich das Leben der Senioren ab. Die Großmutter ist trotz ihres hohen Alters noch rüstig, während der älteste Herr des Hauses schwer demenzkrank im Bett liegt. Diese geschäftstüchtige Familie betreibt zusätzlich ein kleines Restaurant, das Steak Hut, es liegt gegenüber der Polizeistation und die Tische stehen lauschig zwischen hohen Palmen. Sie haben den Geschmack der Farrangs entdeckt und bieten neben dem europäischen Thaiessen noch das Frühstück im amerikanischen Stil, Spaghetti mit Tomatensoße und Steaks nach Holzfällerart mit reichhaltigem Salatteller an.

So kann sich Tine nach Beendigung der Arbeit dem Genuss des Essens hingeben, wobei sie das leckere Thaiessen lieber mag. Schmackhaftes ausländisches Essen, verbunden mit einem Internet-Cafe, ist ein starker Magnet für alle hier lebenden Farrangmänner. So trifft Tine auf die unterschiedlichsten Menschen aus aller Herren Länder. Da fast jeder englisch spricht, ergibt sich manches interessante Gespräch. Oft kommt sie sich wie ein Beichtvater vor, wenn sie die zum Teil haarsträubenden Lebensgeschichten zu hören bekommt. Mehr als einmal kann sie ihre eigene und die Geschichte von Jake in einem der Berichte wiederfinden.

Hier trifft sie auf hilfsbereite Menschen, die von der Idee des Kinderdorfes begeistert sind und ihr zur Seite stehen, sei es auch nur mit einem einfallsreichen Tipp. Tine greift den Ratschlag eines netten Deutschen auf und versendet den roten Button ihrer Website an Rotary- und Lions- Clubs der ganzen Welt, mit der Bitte um Installierung auf deren Homepage. Jake hat ihn extra für die Verlinkung zu ihrer Kinderdorfwebseite entworfen.

Bei einem kurzen Stromausfall im Internet-Cafe findet sie sich im angeregten Gespräch mit einem Schweden wieder, der sie nach ihrer Arbeit fragt. Tine erzählt ihre Geschichte und von dem Plan des Kinderdorfs. Der Mann, der geschäftlich unterwegs ist, berichtet von einer guten Bekannten, einer rüstigen Seniorin aus Frankreich, die seit geraumer Zeit nach einem geeigneten Hilfsprojekt sucht. Sie will ein Vorhaben unterstützen, bei dem es keine hohen Verwaltungskosten gibt und das sie von zu Hause aus ohne Umwege direkt unterstützen kann. Sie will die Mitarbeiter in der Verwaltung des Kinderdorfes genau kennen damit sie verfolgen kann, was mit ihrer eigenen Spende passieren wird. Es ist eine so großzügige Hilfe, bei der Tine und Jake nur einfach Danke sagen können, mit einem Herzen voll tiefer Freude.

Der Herr aus Schweden gibt Tine noch den guten Rat, sich per Internet mit der Verwaltung von Seniorenheimen in Europa in Verbindung zu setzen, um dort nach weiteren hilfsbereiten Menschen Ausschau zu halten. Senioren, die auf dem gleichen Weg wie seine eigene Bekannte nach einem besonderen Projekt suchen, um Gewissheit über das sichere Ankommen ihrer Spenden zu haben.

Durch das, was mit den vielen Geldgeschenken für die Opfer des verheerenden Tsunami hier in Thailand geschehen sei, meinte der Schwede, seien viele Menschen verunsichert. Tine gibt ihm Erklärungen, die in keinem Sender und bei keinem der Spendenaufrufe erwähnt wurden.

Tine redet von den Menschen die gestorben sind, an deren Hinterbliebenen aber die Hilfeleistungen vorbeiflossen und außer Tränen und Trauer nur noch die verwaisten Kinder bei den Großeltern übrig blieben. Es sind diese Familien aus dem Isan, bei denen der Vater und die Mutter in den großen Hotelanlagen am Meer arbeiten mussten und sie deshalb ihre schulpflichtigen, aber auch die kleinsten Kinder in der Obhut der Großeltern zurückgelassen haben. Viele dieser Eltern sind damals nicht mehr zurückgekehrt und haben ihre kleinen Waisenkinder in einer unvorstellbaren Armut zurückgelassen.

Ein alter weinender Opa mit seinem Enkelkind im Arm, hat ernsthaft danach gefragt, was er denn jetzt machen soll. Solange er noch am Leben ist kann er dem Kind Schutz und Essen geben, aber was passiert wenn er tot ist und was ist mit der Schule? 200 Kinder, so wird geschätzt, sind im Isan zu Vollwaisen geworden. Es sind Kinder, die ohne eine Hilfe von außen keine Chance in ihrem Leben haben werden.

In diesen Dörfern hat niemand etwas von den Spendengeldern abbekommen. An diese armen Kinder hat keiner der fleißigen Helfer gedacht, die im Süden des Landes wahrhaft viel und Gutes geleistet haben. Aber auch diese kleinen Seelen sollten ein menschenwürdiges Leben finden.

Dieses Ziel verliert Tine nicht aus den Augen und deshalb hat sie mehr als genug an ihrem Computer zu tun. In ihrer freien Zeit durchstreift sie die gesamte Stadt, immer auf der Suche nach interessanten Menschen, aber auch nach guten Freunden. Sie trifft auf ihrem Weg nicht nur freundlich gesonnene Menschen, oft kann sie die abwehrende Haltung ihres Gegenübers schon von weitem erkennen. Wenn sie dann hinter den freundlich lächelnden Mund des anderen schaut und in die Augen blickt, ist sie erschrocken über den Neid und den Hass, der sich darin spiegelt. Tine erkennt ihren Fehler, wo sie im Gespräch mit einheimischen Männern preisgab, dass sie nur mit ihrem Sohn bei einer Thai-Familie zur Untermiete wohnt.

Nach diesen Freiwilderfahrungen gab sie sich nur noch verheiratet. Ihr Mann sei gerade in Bangkok auf der Arbeit. Zum Glück trifft sie nicht viele Menschen dieser Art. Sie sieht nur noch die warm strahlenden Augen der Personen, die ihr in Güte begegnen.

Menschen wie die Großfamilie des Internet-Cafes oder die Familie von Nui mit ihren drei Kindern. In diesem liebevollen Kreis durfte Roger während der Abwesenheit seiner Mutter wohnen und die Oma der Familie hat ihn wie ihren eigenen Enkelsohn verwöhnt. Auch die beiden Schwestern von Nui aus Bangkok, haben Roger und Tine vor ihrem Abflug noch wunderschöne Ferientage geschenkt.

Auf dem Weg durch die Stadt trifft Tine Malai, die ihre Arbeit auf dem Buddha-Markt gefunden hat. Zu ihr kann Tine immer kommen, wenn sie traurig ist und der Mut sie zu verlassen droht. Auf diesem immer belebten Platz fühlt sie sich sicher und wohl wie in einem zweiten Zuhause.

Der Buddha-Markt ist ein sehenswerter Ort, an dem nicht nur die Mönche ihre Amulette einkaufen. Es wird auf eine wilde und lustige Art gefeilscht und gehandelt. Tine kann beobachten, wie ein netter Polizeirat in Zivil mit seiner kleinen Lupe nach dem Alter der dargebotenen Antiquitäten sucht, bevor er nach ausgiebigem Handeln seine neu gewonnenen Schätze nach Hause bringen kann.

Tine und Roger wohnen jetzt gemeinsam in einem wunderschönen weißen Haus mit hohen Säulen am Eingang, das eingebettet liegt in einem großen Garten zwischen herrlich blühenden Blumen und mächtigen Palmen. Es gehört Olapan und ihrer Familie. Sie ist die Cousine von Nui und arbeitet als Lehrerin in einer Grundschule. In ihr hat Tine eine gute Freundin gefunden, die durch ihr ganz normales Verhalten den Unterschied zwischen dem Leben mit einer Thaifamilie in der Stadt und dem Leben auf dem Lande zeigen kann.

Auf ihrem täglichen Weg zum Computer trifft sie auf Menschen, die, nachdem sie die Scheu vor dieser Weißhäutigen verloren haben, ihr immer deutlicher zu verstehen geben, dass sie Tine in ihrem Wesen zu schätzen gelernt haben. So wie diese beiden Damen, die mit ihren Essenständen vor einer Schule stehen und immer Lust auf ein kleines Gespräch haben. Sie grüßen Tine mit einem ehrlichen Lächeln.

Bei so viel Zuneigung verliert sie immer mehr ihre Angst und schafft es, von sich aus auf sie zuzugehen und anzusprechen. Sie staunt, wie begeistert sie alle vom lustigen Kauderwelsch und mit Handzeichen geführten Gespräch sind. Eine besondere Begegnung ist die mit Sawann.

Tine lernt das normale Stadtleben kennen. Nicht anders als in Europa in den Fünfzigern geht jeder brav seiner Arbeit nach, ob Banker, Lehrer, Essenverkäufer oder auf einer Baustelle. Die Mutter versorgt den Haushalt und die Kinder und schaut darauf, dass sie eine gute Schulausbildung bekommen. Eltern die über genug Geld verfügen, lassen den Sohn oder die Tochter ein Musikinstrument auf einer der Musikschulen erlernen oder sich mit Freunden auf dem Tennisplatz vergnügen. Abends treffen sich die Familien zum gemeinsamen Ballspiel im nahen Park, oder sie gehen in eines der kleinen, preiswerten Restaurants um gemeinsam Suppe zu essen. Viele der städtischen Familien fahren ein Auto und gehen in den Schulferien ans Meer oder in die Berge in Urlaub.

Udon Thani ist eine Mischung aus moderner und traditioneller Stadt mit neuem Flughafen, einer täglich die wichtigsten Städte des Landes anfahrenden Busverbindung und einem alten Bahnhof. Er ist nicht vergleichbar mit der Untergrundbahn in Bangkok, deren Einstiegsbereich durch eine breite Glasfront abgesichert ist.

Das Leben in dieser Stadt ist wie eine Mixtur aus Fortschritt und Rückständigkeit, freistehende teure Villen findet man im gleichen Straßenzug wie die alten ärmlichen Holzhütten auf ihren Stelzen. Einzelne Wohnungen, wie Tine sie aus Europa kennt, gibt es hier selten, da die schmalen Häuser in der Innenstadt dicht aneinandergebaut sind. Im Erdgeschoß befindet sich oft ein kleines Ladengeschäft, über dem die Wohnung liegt, im Inneren ist es angenehm und wunderbar kühl. Im Vorort liegen die bewachten Wohnparks mit ihren luxeriösen Häusern, nicht weit entfernt von den tristen Dorfhütten.

Den Mittelpunkt des Stadtkerns bilden drei runde Inseln mit Kreisverkehr, jede ist mit der anderen durch die sternförmig gebauten Straßen verbunden die den dichten Autoverkehr in die umliegenden Stadtteile führen.

Die überlebensgroße Bronzestatue des Stadtgründers steht auf dem ersten Platz und wird mit der an die Stirn geführten Handkante ehrerbietig gegrüßt. Mütter erzählen ihren kleinen Kindern im Bus beim Vorbeifahren von seinen Wohltaten und selbst die Schüler zeigen grüßend ihren respektvollen Dank. Rund um die Statue, inmitten von blühenden Pflanzen, ist es sehr belebt. Während der einbrechenden Dunkelheit trainieren die Jogger. Der starke Feierabendverkehr zieht dabei seine Kreise, wobei es hier aber sehr gut riecht.

An kleinen Gebetsplätzen mit Elefantenstatuen entzünden die Menschen zu jeder Tageszeit duftende Räucherstäbchen sowie gelbe Kerzen und legen kleine Blumenkränze aus Orchideen zu Füßen des Verehrten ab.

Direkt vor der Stadtbibliothek befindet sich der hektische Busbahnhof. Die Stadtbusse erinnern an Lastwagen im Zwergenformat. Sie sind mit Nummern versehen und in einer bestimmten Farbe lackiert, sodass man sich gut zurecht findet und bequem in jeden Winkel der Stadt kommt. Tine freut sich und nimmt das günstige Angebot auch dankbar in Anspruch. Auch hier bestimmt jeder Fahrgast die Haltestelle selbst, indem er einfach auf den roten Klingelknopf an der Decke drückt.

Die Oberfenster ohne Glas sind schön luftig in der heißen Jahreszeit. Bei monsunartigen Schauern rollt der Fahrer die rosa Plastikplane zum Schutz herunter.

Tine erreicht den zweiten Kreisverkehr und erfreut sich am kleinen Park mit herrlichen Palmen, den Springbrunnen und lustigen Wasserspielen. In der Vorweihnachtszeit steht in der Mitte des Rondells ein glitzernder Weihnachtsbaum. Umsäumt wird diese Pracht von Nationalflaggen.Hier ist es gefährlich für alle Mopedfahrer, die nicht begreifen wollen, dass es Helmpflicht gibt. Oft liegt der Kopfschutz daheim im Schrank oder griffbereit im Körbchen am Lenker.

Frauen eilen vom Markt nach Hause und im Eifer haben sie den Helm vielleicht sogar vergessen gehabt. Beim Anblick des Strafzettel schreibenden Polizisten versuchen sie, ihr voll beladenes Fahrzeug schnell zu wenden, um einen billigeren Weg nach Hause zu finden. Es gelingt aber in den seltensten Fällen, da die Polizisten in Gruppen auftreten. Zudem sind ihnen die Tricks und heimlichen Schleichwege bekannt. So geht dem Stadtsäckel kein Geld verloren.

Der Lerneffekt ist gleich null. Der Helm hat am nächsten Tag schon wieder den Platz neben dem Fisch im Körbchen gefunden. Auch die jährliche Ferienaktion der Schüler beweist die fehlende Lernbereitschaft vieler Verkehrsteilnehmer. Zum Schutz der gejagten Fußgänger wollen sie den Moped- und Autofahrern den Umgang mit einem Zebrastreifen nahe bringen. Abwechselnd stehen jeweils vier Jugendliche mit ihrem Transparent und informativen Broschüren auf den weißen Streifen in der prallen Sonne. Nach Abschluss der Aktion müssen sie frustriert feststellen, dass nur ein winzig kleiner Eindruck im Gedächtnis haften blieb. Kaum einer der Fahrer hält es für nötig, beim nächsten Stopp an einer roten Ampel das Auto auch nur ein kleines Stück vor dem Zebrastreifen anzuhalten.

Auch Tine bekam einmal die Macht des Strafzettels zu spüren. Amphon konnte ihr nicht die Bedeutung der gelb und weiß gestrichenen Bordsteinkanten erklären. Nach dem Einkauf in einem Stoffladen blockierte eine gelbe Radkralle ihren blauen Pkw, die erst nach Zahlung des fälligen Verwarnungsgeldes entfernt wurde.

Der Stadtverkehr ist eigenartig, wenn Tine mittendrin steckt und mit ihrem logischen Verstand eine feste Regel zu entdecken versucht. Vorschriften gibt es, wie auch die meisten Fahrzeuglenker einen Führerschein besitzen. Doch besonders die Menschen vom Land bringen sich das Fahren in Schulhöfen oder auf abgelegenen Feldwegen selbst bei. Dort gibt es keine Verkehrsschilder, die ihnen das Verhalten im Straßenverkehr erklären. So wird von ihnen sehr häufig nach dem Prinzip gefahren:

‚Hoppla, alle aus dem Weg, jetzt komme ich!'

Viele Autos fahren rücksichtslos bei rot über die Ampel. Fußgängerampeln gibt es selten und selbst Zebrastreifen sind nicht sicher. Die Hoffnung ist stets dabei, wenn Tine schnelle Schlangenlinien um die Mopeds machen muss damit sie sicher die Mitte der Fahrbahn erreicht. Die zweite Hälfte muß sie in einem raschen Endspurt bewältigen und bringt sich mit einem Sprung auf den Gehweg vor den heranbrausenden Autos in Sicherheit. Nur ein einziges Mal hat ein Auto für Tine an den weißen Linien angehalten. Bei näherem Hinsehen saß jedoch ein freundlich winkender Farrang am Steuer.

Ein Moped wird nicht nur von Schülern oder Jugendlichen genutzt, die in manchmal zu dritt oder gar viert Platz finden. Für viele Eltern ist es das einziges Familienfahrzeug und so transportieren sie ihre Kinder auf die abenteuerlichste Weise. Der Vater trägt als Fahrer die Verantwortung für dieses schwer beladene Gefährt und vor ihm, auf der Spitze des Sattels, sitzt ein lachender Sohn, der sich nur in der Mitte des Lenkers mit beiden Händen festhalten kann. Hinter ihm kauert seine Frau, die das Mädchen, das vor ihr auf dem Sattel steht, fest in im Griff hält und selbst das winzig kleine Baby wird auf diese Weise im Arm seiner Mutter transportiert.

Kleine Läden säumen den breiten Gehweg, der als Schutz vor der jährlichen Überschwemmung hoch gebaut ist. Eine Mutter mit Kinderwagen hätte Mühe, diesen Absatz zu überwinden, aber selbst in der Stadt sind Kinderwagen eine Seltenheit. Kinder werden auf dem Arm getragen. In diesem Teil des Landes ist die Kanalisation veraltet und so stehen bei monsunartigen Regenschauern weite Teile des Straßennetzes unter Wasser. Sehr zur Freude der Kinder, die mit ihren kleinen Eimern in den schmutzigen und öligen Fluten spielen, während Autos spritzende Fontänen in die umliegenden Läden katapultieren.

Tine sieht bunte Stoffe, verschiedene Schuhe und andere Dinge des täglichen Lebens in den kleinen Läden. Die großen Ladengeschäfte und insbesondere die vielen Goldshops befinden sich in Händen der Thai mit chinesischer Abstammung, da diese geschäftstüchtiger sind.

In den Buddha-Läden wird nur verkauft, was ein Mönch besitzen darf und wird für den besseren Transport in orangefarbene Eimer gepackt. All das, was der einfache Mensch für seine Bequemlichkeit haben will, gibt es in Büchermärkten, Kleiderboutiquen, Computershops und Musikgeschäften. Tine kommt vorbei an duftenden Essenständen vorbei mit ihrem Angebot an frisch gebackenen Bananen und auf Eis gekühltem Obst, Frühlingsrollen in einer scharfen Soße oder frisch gebackenen und lecker gefüllten Pfannkuchen. Sie trifft auch Verkäufer, die ihren Kunden die frisch gekochten Speisen für den Mittagstisch daheim anbieten. Vor den Türen der Banken und Arztpraxen warten TukTuks und Rikschafahrer, daneben sieht Tine die glitzernde Kleidung des Molam, den herrlich gearbeiteten Schmuck und den umfangreichen Schminkbedarf.

In all dem Trubel sitzen alte und gebrechliche Bettler, die mit großen bittenden Augen den Vorbeieilenden ihre kleine Schale für eine milde Gabe hinstrecken. Es sind Menschen, an denen man nicht nur gedankenlos vorübergehen kann, sie heben zum Dank für eine Münze die faltigen Hände an die Stirn und sprechen über dem Geber ihren Segen aus.

Tine hat leckere Köstlichkeiten gegessen und erreicht am Ende der turbulenten Einkaufsstraße den letzten der viel befahrenen Kreisel. Er ist mit bunten Bildern aus dem Leben der königlichen Familie geschmückt und inmitten der herrlich blühenden Pflanzen steht eine große Uhr, auf der man schon von weitem die roten Zahlen erblicken kann.

Ganz in der Nähe gibt es einen Laden mit einem besonderen Geruch und einem Flair nach unergründlichem Geheimnis. An dieser speziellen chinesischen Apotheke kann Tine nie vorbeigehen, ohne dabei eine kräftige Nase voll würzig herben Duftes nach Wurzeln, Hölzern und Gewürzen mitzunehmen. In der Auslage sind Schlangenhäute und andere exotische Raritäten zu bewundern. Es ist nicht nur dieser Duft und der traditionelle Antiquitätenmarkt, der den besonderen Eindruck einer Stadt im Isan vermittelt, es sind auch die Tempel mit ihren verschnörkelten Dächern und die reizvolle Fußgängerbrücke, auf der sich eine goldene Schlange um das Königsbild windet.

Die Müllabfuhr am frühen Morgen ist in der Stadt ein normales Ereignis, aber nicht auf dem Land im Isan. In den ärmsten Dörfern wird täglich die Müllverbrennungsanlage in einem alten ausgedienten Ölfass vorm Haus in Gang gesetzt.

Täglich sind die Sammler mit ihren TukTuks oder Fahrradkarren unterwegs, um in den überquellenden Mülltonnen nach wieder verwertbaren Materialien Ausschau zu halten, die sie gegen Bargeld verkaufen können. Übrig bleibt am nächsten Morgen nur wenig von dem Restmüll.

Tine, der die Mülltrennung im Blute steckt erleichtert den Sammlern die schmutzige Arbeit und ist erstaunt, als sie von einer Frau auf deutsch angesprochen wird. Die erzählt unter Tränen, dass sie von einem deutschen Mann über einen Katalog gekauft wurde, ihm aber kein Kind schenken konnte. So hat er sie einfach nach Thailand zurückgeschickt, um sich eine neue und jüngere Frau nach seinem Geschmack zu kaufen.

Der buddhhistische Kalender orientiert sich am Mond. Die einzigen westlichen Feiertage, die in Thailand gelten, sind der Neujahrstag und der erste Mai und falls so ein Feiertag auf einen Samstag oder gar den Sonntag fällt, bekommen die Mitarbeiter auf den Behörden, in den Schulen und auf den Banken ihren arbeitsfreien Tag am darauffolgenden Montag.

In der Stadt wird manche Feierlichkeit in einem anderen Rahmen begangen als auf dem Dorf. Der Kindertag lässt am zweiten Samstag im Januar die Herzen höher schlagen und besonders schön ist es auf dem Jahrmarkt. Hier gelten reduzierte Preise für das Karussell, das Boxauto, die Geisterbahn und viele andere Herrlichkeiten. In den Schulen finden zahlreiche Aktionen statt. Mit Spiel und Spaß können kleine Überraschungen für den Schulalltag gewonnen werden.

Der Geburtstag der Königin ist gleichzeitig der Muttertag und die Mütter des Landes bekommen Blumen oder kleine Geschenke von ihren Kindern in der Schule überreicht.

Bei der Krönungsfeier im Mai werden alle öffentlichen Gebäude und die Bilder des Herrscherpaares festlich dekoriert und am Abend mit Lichterketten erleuchtet. Wie auch am 5.Dezember, dem Geburtstag des Monarchen. Normalerweise findet in der Stadt, eine Festparade zu seinen Ehren statt, die sich rund um die drei Kreisel zieht. Gleichzeitig werden an vielen Orten des Landes die ganz Armen von fleißigen Helfern kostenlos mit Essen und kleinen Geschenken versorgt.

Songkran hat in der Stadt die gleiche kulturelle Bedeutung wie auf dem Dorf. Auch hier werden die Buddhastatuen in duftendem Wasser gewaschen, die Mönche und alten Leute mit Blumen und Handwaschungen geehrt. Es ist ein Riesenspaß, sich gegenseitig und insbesondere die Touristen mit Wasser zu begießen. Eimerweise wird das erfrischende Nass beim Umzug in der Innenstadt verteilt, am liebsten wie auf dem Land durch die offenen Fenster der vorbeifahrenden Busse und Autos.

Dieses Fest am 21. März zeigt Frühlingspunkt oder die Tag-und-Nacht-Gleiche mit Eintritt der Sonne in das Tierkreiszeichen des Widders. Damit beginnt ein neues Sonnenjahr. Vor 1940 wurde der thailändische Kalender am 13. April auf das neue Jahr umgestellt.

Der westliche Neujahrstag im Januar wird mit einem leuchtenden Feuerwerk begrüßt. Die gläubigen Buddhisten gehen schon frühmorgens beladen mit Geschenken für die Mönche, in einen Tempel und bitten um Segen für ein gutes Leben im kommenden Jahr. Sind alle Betenden durch ihre Glück verheißenden Vorhersagen gestärkt, dann müssen sie nur noch ihre Sorgen, die Ängste und Mißerfolge des vergangenen Jahres loswerden. Dabei helfen ihnen die zuvor auf dem Markt gekauften Schildkröten, kleine Fische, Aale und die Vögelchen, die in ihren engen Käfigen ängstlich piepsend auf der Stange sitzen. Sie können nun mit einem schnellen Flügelschlag in die ersehnte Freiheit fliegen, wie auch die anderen, die mit einem kräftigen Schlag ihrer kurzen Schwanzflosse in die kühlen Fluten untertauchen, nicht wissend, dass sie die Sünden ihrer Freiheitgeber mitbekommen haben.

Im zweiten Mondmonat nach dem westlichen Neujahr und am ersten Tag des zunehmenden Mondes beginnt der Chinesische Jahreswechsel. Auch dieses neue Jahr wird mit einem Feuerwerk, Böllern, Umzügen und traditionellen Zeremonien begrüßt.

Am Vollmondtag der dritten Mondperiode, also im Februar, gedenken die Buddhisten einer Predigt Buddhas, die er vor 1250 spontan versammelten Schülern abgehalten hat. Viele Gläubige gehen an diesem Tag in den Tempel und bringen frische Blumen. Nach Einbruch der Dunkelheit zünden sie duftende Räucherstäbchen an, umrunden in einer gemeinsamen Kerzenprozession dreimal das Gebetshaus und bekommen von den Mönchen eine Flasche geweihten Wassers mit nach Hause.

Das Waldkloster – Wat Pa Baan Taad

Das Wat Pa Baan Taad ist ein Waldkloster mit dem ehrwürdigen Lehrmeister Luangta Maha Bua als Oberhaupt. Der über 90 Jahre alte Mönch, führt das Wat nach den strengen Regeln des Theravada, der ältesten Schule des Buddhismus.

Direkt vor der Pforte seines Klosters darf es keine Bushaltestelle geben. Die Mönche und Laien in Vorbereitung auf die Ordination sollen sich der täglichen Reinigung von Geist und Seele widmen und nicht dem Leben in der Stadt.

In vielen neuzeitlich geführten Klöstern gehen die Mönche ohne Hilfe eines Weltlichen auf Wanderschaft, tragen ein Handy bei sich, suchen selbst in den Regalen der Supermärkte und bezahlen an der Kasse mit eigenem Geld. Sogar an Bankautomaten hat Tine sie gesehen. In diesem Wat müsste ein solcher Mönch auf der Stelle seine Sachen packen und das Kloster für immer verlassen. Bei Luangta Maha Bua darf ein Mönch keine privaten Besitztümer haben, denn alle Dinge gehören der Gemeinschaft und werden brüderlich geteilt.

Tine betritt den Tempel durch die offene Pforte und steht vor einem neuerbauten prächtigen Wohngebäude. Im ersten Augenblick ist sie von diesem großzügigen Haus, das mitten in einem blühenden Garten liegt und so gar nicht zu den Vorstellungen eines strengen Klosters passt, irritiert. Auch von dem hübsch verzierten, rosafarbenen Toilettenhäuschen auf der anderen Seite des Weges. Doch es ist die Besucher-Residenz für die Monarchenfamilie. Besonders gerne sucht die jüngste Tochter Rat und die Ruhe dieses Klosters.

Das Saala ist ein schlichtes Holzhaus auf hohen Pfählen, das in seinem offenen Bereich genug Platz für das Morgenmahl aller Mönche bietet, sowie den anschließenden Vorträgen und Gebeten von Luangta Maha Bua. Es gibt keine Fliesen auf dem frisch gefegten Boden und im oberen Bereich des Hauses werden die rohen Holzbretter mit den Schalenhälften einer Kokosnuss von knienden Mönchen gebohnert, bis sie glänzen wie ein blanker Spiegel.

In diesem Bereich befinden sich die goldenen Statuen und die gläsernen Knochenreste der Arahants und der Gläubige kann sich mit Gebeten seiner Sorgen entledigen und um die Erfüllung seiner Wünsche flehen.

Im weit ausladenden Wat befindet sich die Teeküche der Mönche und die im schattigen Wald liegenden kleinen Hütten der Brüder und Laien. Der Wohnbereich der Frauen ist unter hohen Bäumen und im Anschluss an die königliche Residenz zu finden. Umgeben wird das Gelände von einer hohen weißen Mauer, die alle Bereiche schützt, so auch die Küche, in der die weiblichen Laien morgens das Essen für die Mönche bereiten.

In der Garage, die schräg hinter der Teeküche liegt, werden die Sachspenden gelagert und in einer Aktion an die ärmsten Menschen auf dem Land verteilt. Beim Anblick der hoch beladenen Trucks brechen sie oft in Tränen aus, weil es Menschen gibt, die sie in ihrer Not nicht im Stich gelassen.

In diesem Tempel gibt es genügend reiche Spender. An Festtagen kommen ganze Busse mit Gläubigen aus Bangkok, um ihre Ehrerbietung vor dem gutherzigen und weisen Abt zu zeigen.

In Thailand gibt es keine feste „Kirchen"steuer. Jeder spendet freiwillig und aus gläubiger Gesinnung das, was er entbehren kann. Dank dieser Unterstützung bekommt Luangta Maha Bua Summen zusammen die es ihm erlauben Krankenhäuser,

besonders Spezialkliniken für Kinder zu bauen. Seither können die Frauen auf dem Land ihre Babies in einem modernen Kreißsaal zur Welt bringen und im Falle einer Krankheit ist für den Säugling die medizinische Versorgung gewährleistet.

Maha Bua ist ein großer Wohltäter im Land. Er selbst lebt nach den strengen Regeln seines Klosters, das gar nicht das Bild eines prunkvollen Tempels zu bieten hat.

Wer die Atmosphäre und Ruhe dieser Umgebung selbst erfahren hat, der kann das Vertrauen der Menschen verstehen, die hier für die Ärmsten des Landes Spenden hinterlegen.

Sawann, die englisch sprechende Thaifrau, nimmt Tine an einem Oktobermorgen mit in das Wat. Gemeinsam legen sie ihre mitgebrachten Speisen in die Opferschalen der vorbeiziehenden Mönche und sitzen während des Essens mit vielen anderen Menschen auf dem kalten Boden. Entspannt lauscht Tine dem Tonfall der Gebete von Luangta Maha Bua, der allen seinen Segen gibt, bevor er durch das Spalier der Knieenden auf einem Waldweg zu seiner bescheidenen Hütte geht.

An einem Festtag trifft sie Frauke und eine Freundschaft nimmt ihren Lauf, bei der jede der anderen eine große Hilfe ist.

Vor Wochen kam Frauke mit einem jungen Mann hierher, der das Leben eines Mönches in der weißen Kleidung der Laien erfahren will. Beide sind seit Jahren praktizierende Buddhisten. Allein auf sich gestellt ist es nicht einfach für eine 75jährige, sich den Regeln eines Klosters zu unterwerfen, auch wenn Frauke in der täglich stattfindenden Gesprächsrunde seelische Unterstützung durch die ausländischen Mönche erfährt. Dieses Kloster wird von einer ganzen Reihe ordinierter Mönche bewohnt, die aus allen Teilen der Welt kommen. Viele von ihnen leben seit mehr als 12 Jahren hier oder haben ihren Ruhestand in den Reihen der anderen Arahants gefunden.

Der Tag beginnt für Frauke am frühen Morgen mit der Meditation, bevor sie mit den anderen Frauen, vor die Tore des Waldklosters geht, um den vorüberziehenden Mönchen ihre Essensspende darzubringen, die sie zuvor bei anwesenden Marktfrauen gekauft hat. Nach den Gebeten und dem täglichen Vortrag von Luangta Maha Bua über richtige Lebensführung bekommen die Frauen das Essen auf einem Tablett, das sie in ihren kleinen Häuschen unter den schattigen Bäumen zu sich nehmen. Hausarbeit wie Wäsche waschen oder die an eine überdachte Plattform erinnernde Hütte zu säubern, ist schnell getan und so wird die Zeit genutzt um sich in der Meditation, sei es im Sitzen oder im Gehen, zu üben.

Wie bei den Männern gilt das Fastengebot. So kann jede Frau vor der Mittagszeit alles, was sie von ihrem Tablett aufgehoben hat, zu sich nehmen.

Um 14 Uhr trifft man sich bei der Teeküche der Mönche zu einer gemeinsamen Lehrstunde. Danach müssen noch die vielen Waldwege zwischen den einzeln stehenden Häuschen von den herabgefallenen Blättern gesäubert werden, bevor bereits die Zeit der nächsten stillen Meditation anbricht.

Wie lange diese Meditation ausgeführt wird ist jeder Frau selbst überlassen. Die weiblichen Thai-Laien streben danach, durch ein hart erarbeitetes gutes Karma, in ihrem nächsten Leben als Mann wiedergeboren zu werden. Sie hoffen, als ordinierter Mönch die höchsten Stufen der Verwirklichung zu erreichen, die Fesseln zu durchtrennen und den immerwährenden Kreislauf der Wiedergeburt zu stoppen, um in das Nibbana einzugehen. Das ist das endgültige Ziel in der buddhistischen Praxis.

Tine verbringt nun die Dienstage der nächsten Monate mit Frauke in diesen vorgegebenen Linien des Wat und sammelt Erfahrungen, die vieles an ihrer bisherigen Ungeduld verändert haben. Sie schenken ihr die Kraft um das einsame Leben zu ertragen, Mut, um auf die vielen neuen Menschen zuzugehen und Stärke, um alle Aufgaben mitzutragen.

Das Essen am Morgen vom gleichen Tablett, die Gespräche über alle Bereiche des Lebens, die gemeinsame und doch allein ausgeführte Meditation in der Tiefe des Waldes schweißt die beiden zusammen.

In der Nähe von Fraukes Hütte steht das kleine Holzhaus, das Tine nicht anfassen darf, da hier das rote Kauholz, das Maak, von Luangta Maha Bua gelagert wird.

Lustig und guter Dinge marschieren die beiden Frauen den zwei Kilometer langen Fußweg bis zur Bushaltestelle im Dorf und fahren mit einem Minibus in die Stadt. Tine will Frauke im Alltag behilflich sein. Das Besorgen eines neuen Besens, anfallende Geschäfte auf der Bank, das Erlangen eines neuen Visums oder der Besuch in einer Näherei, um die benötigte Wat-Kleidung zu erstehen.

Diese gemeinsamen Tage festigen ihre Freundschaft und als Frauke mit dem jungen Mann im Bus nach Bangkok fährt, hinterlässt sie ein großes Loch im Leben von Tine, die dankbar für diese Erfahrung einer treuen Freundschaft ist. Roger hat in gleichem Zuge das Vertrauen Fraukes gewonnen, gemeinsam haben sie mit den Tücken der Mathematik gekämpft, oder Roger konnte ihr mit seinen fast perfekten Kenntnissen des Thai bei Übersetzungen behilflich sein.

Der Ehrwürdige Sivali beeindruckt Tine. Er war ein Wohltäter und Großzügigkeit wurde zu einem wesentlichen Grundzug seiner Persönlichkeit.

Frauke war es, die Tine Mut machte, wenn sie nicht mehr an die Verwirklichung ihres Traumes glauben konnte. Durch eine großzügige Spende hat sie zu verstehen gegeben, dass sie an die beiden glaubt. Sie hat von ihren Patenkindern in Indien erzählt und Tine wertvolle Tipps gegeben. Voll Freude geht sie an ihre vielfältigen Arbeiten am Computer, bekommt eine immer größere Geduld und gewinnt tiefes Vertrauen in eine gute Zukunft. Mit dieser Zufriedenheit meistert Tine ihre Aufgaben, aber auch die Sorgen und Probleme. Ruhe und Gelassenheit bekam sie als Geschenk in diesem besonderen Wat.

Roger ist aus den Ferien in Deutschland zurück. Mit einer Besichtigungstour durch die städtische Haftanstalt will der Lehrer die Abneigung der jungen Leute gegen Alkohohl und andere Drogen fördern. Keiner will ins Gefängnis und doch ist es überfüllt. Jeder Insasse muss seine Strafe gegen Kost und Logis absitzen, vielleicht bekommt der eine oder andere durch gute Führung einen geringen Lohn, den er sich hart erarbeiten muss. Das Areal wird von einer weißen Mauer abgeschlossen und die Stacheldrahtrollen auf der Mauerbrüstung sollen vor Ausbrüchen bewahren. An jeder Ecke steht ein Wachturm, von dem aus die bewaffneten Soldaten das Treiben auf dem Innenhof überblicken können.

Am Eingangstor versammelt sich die aufgeregte Schülerschar um mit ihrer Clipkarte für Besucher Einlass in diese Welt zu finden. Es ist ein spannendes Erlebnis. Zusammen mit dem Lehrer führt sie ein Wachsoldat durch die Stahltür ins Innere des Gefängnisses. Dabei durchqueren sie die offene Halle und gehen an den seitlich liegenden Büros des Wachpersonals vorbei, bevor sie den großen Innenhof betreten. Links steht das Zelt, unter dem die Klasse ihren Sitzplatz findet. Mit Hilfe eines eindringlichen Filmes sollen sie aufgeklärt werden, wobei in erster Linie vor dem Missbrauch von Drogen gewarnt und auf die schlimmen Folgen bei Nichtbeachtung hingewiesen wird.

Sogar die verchromten Handschellen und den karg gefüllten Blechnapf eines Häftlings darf die Schülerschar bestaunen, nachdem sie den Zweck der Gebäude entlang der Innenmauer erklärt bekamen. Zum Abschluß der Führung zeigt der Wachsoldat den Wohntrakt der Gefangenen, der durch einen schmalen Flur mit dem überdachten Toilettenbereich und den im Freien stehenden Wassertrögen verbunden ist. Hier kann sich jeder das kalte Wasser über den Körper gießen, um den Schmutz und Schweiß des Tages loszuwerden. Über der steil nach oben führenden Treppe kann Roger im Innenbereich der Blocks die vergitterten Zellen sehen, in denen immer mehrere Gefangene inhaftiert sind. Rings um den großen Innenhof, der als Auslauf für die freien Stunden dient, ist ein hohes Gitter, dahinter liegt die Küche mit überdachtem Essplatz und zahlreiche Werkstatthallen. Die Häftlinge flechten Körbe, binden Besen und stellen andere praktische Gegenstände her. Sie schnitzen Tische und Stühle, Schränke oder Schaukelstühle aus dunklem Edelholz. All diese Artikel werden in dem kleinen Laden neben dem Eingangstor und dem Spielplatz für die Kinder zu einem günstigen Preis angeboten.

Es war ein nachhaltiges Erlebnis für die Schüler, die nun aufgeregt den Weg zur Schule einschlagen, um die restliche Zeit des Tages im klimagekühlten Klassenzimmer zu verbringen.

Nicht nur die Appartmenthäuser, Busfahrer und Essenverkäufer verdienen an den auswärtigen Schülern. Auch die Schulen finden noch einen noch zu einem Nebenverdienst. Sie bieten regulären Nachhilfeunterricht nach Schulschluss an. Besonders einträglich ist es für sie nach den Abschlussprüfungen im März. Gegen eine kleine Summe erreicht jeder durchgefallene Schüler doch noch die Versetzung.

Nach Unterrichtsende um 16 Uhr essen sie im Kreis der Gleichgesinnten und begeben sich in die Schule zurück. Hier wartet schon der Lehrer auf seine Nachhilfegruppe. Selbst am Samstag oder Sonntag sieht man Schüler in Uniformen durch die Straßen ziehen, oder wie bei Olapan, die ihre Grundschulkindern in eigenen Räumlichkeiten unterrichtet. Das ist ein Trubel wenn die Kinder fröhlich lachend durch das große Haus toben. Nach Ende ihres Pensums bekommen sie im schattigen Garten ein kleines Mittagessen serviert, bevor sie von ihren Eltern abgeholt werden.

Es ist aber nicht nur der Lehrer, der ein zu niedriges Gehalt bekommt. Jeder Thai braucht eine oder mehrere Nebenbeschäftigungen, um sein Familienbudget auf ein erträgliches Niveau zu bringen.

Tine will sich wieder mit Freizeitsport beschäftigen wie früher. In ihrem Heimatverein konnte sie den Vorschülern und den zweijährigen Krabbelkindern mit ihren Müttern die Freude und den Spaß an der Bewegung vermitteln. Auch für sich selbst hat sie es in vollen Zügen genossen.

Wegen Verspannungen im Rücken und angeregt durch das tägliche Basketballspiel und die Tennisstunden von Roger, sucht Tine nun nach einer Möglichkeit, um Sport zu treiben.

Da bei dem heißen Klima der Sport am frühen Morgen oder in den kühlen Abendstunden stattfindet sind geschlossene Hallen selten, zumal die Plätze für den Ballsport sowieso mit einem schattenspendenden hohen Dach versehen sind.

Wer sich lieber mit Jogging, Walking, Gymnastik oder Aerobic mit pfiffiger Musik fit halten will, trifft sich im weitläufigen Stadtpark. Dort schlängeln sich die Pfade um eine märchenhaft angelegte Seenlandschaft und über Hängebrücken, vorbei an Wasserspielen herrlich beleuchteter Springbrunnen. Ein kleines Fitness-Studio mit Laufbändern, Steppern und Trimmgeräten aller Art gibt es am See und eine Milchbar nebenan.

Abends, auf Tines Walkingrunden, trifft sie neue Menschen wo nebenher interessante Gespräche entstehen.

Außer den jungen Athleten in ihrem Outfit trifft Tine auch die kleine dicke Lady, die mit einer Freundin unbeschwerte Runden dreht. Beiden Damen ist ihr sportliches Bemühen keineswegs peinlich. So auch der ältere Herr mit Bauchansatz, der mitten im Weg auf dem Rücken liegt, seine Fußspitzen unter ein Geländer klemmt und mit ernsthaftem Gesicht seine anstrengenden Bauchaufzüge absolviert.

Wem das Joggen zu langweilig ist kann sich ein Fahrrad oder Tandem mieten. Das Fahren mit dem Skateboard oder den kleinen silbernen Rollern wird langsam in. Die HipHopper mit ihren frisch gestylten Haaren erkennt Tine an den weiten und halb herabgerutschten Jeans. Auf einer Plane, am Rande des Sees, üben sie ihre komplizierten Figuren, wobei ihre Badeschlappen nicht ins Bild der Coolness passen.

Tine schallt die fetzige Musik der Aerobictänzer entgegen. Männer kicken sich Bälle zu. Schon von weitem hört sie das Geschrei glücklicher Kinderstimmen, die sich auf dem Spielplatz mit Rutschen, Schaukeln, Sandkästen und Trimmgeräten vergnügen. Die weiten Rasenflächen sind im Herbst mit welken, raschelnden Blättern bedeckt. Familien picknicken, es ist Ball- und Spielwiese und Kinder lassen in dem kräftigen Wind bunte Drachen steigen.

Verliebte Paare sitzen am Rande des Sees und füttern die Fischschwärme mit Brot, das sie bei den alten Frauen am Eingang zum Park gekauft haben. Hier darf kein Fisch geangelt werden. Wächter kontrollieren in der Nacht die Einhaltung dieser Regel.

Selbst ein Seniorenstammtisch ist hier zu finden. Sie sitzen im Gespräch im Schatten der weitausladenden Bäume beisammen und hören den Gitarre spielenden jungen Leuten zu, die die Kühle des hereinbrechenden Abends in ihrer lustigen Runde genießen. Gemütlich ist es auch mit einem kalten

Getränk, einem Eis oder den gebackenen Bananen auf einer Parkbank zu sitzen und den anderen bei ihren anstrengenden Tätigkeiten zuzusehen.

Tine genießt ihre Runden. Sie passiert die roten Feuerwehrautos, die am Abend die blühenden Blumen und den grünen Rasen des Parks begießen. Mit der ausgefahrenen Leiter pflücken die Männer schwere reife Kokosnüsse von den Palmen, damit kein Unglück geschehen kann.

Am frühen Abend eines Novembertages reibt sich Tine die Augen. Beinah hätte sie das Lichterfest vergessen. Damals auf dem Land ließ sie das hübsch verzierte Lotosschiffchen aus Bananenblättern auf dem nahen See schwimmen. Eigentlich wollte sie, wie jeden Tag, um den See joggen und so überrollt sie ein Erlebnis, das ein Leben lang in ihrem Gedächtnis haften bleibt. Der Unterschied der Feierlichkeiten in der Stadt ist gar zu groß. Schon aus der Ferne sieht Tine die Abgesperrungen. Die Wege sind mit geschäftigem Treiben erfüllt, knisternde Spannung liegt in der Luft. Am Ufer sitzen geschäftstüchtige Kinder und bieten den vorbeischlendernden Familien kleine Fische und zusammengekuschelte Piepmätze in Käfigen zum Kaufe an.

Glück sollen sie den Menschen bringen und sie durch Freilassen von Sorgen, Ängsten und Nöten befreien. Wie auch die Krathongs aus Bananenblättern, Blumenblüten und anderem Zierwerk. Tine geht von einem Stand zum nächsten, bewundert die Kunstwerke und glaubt, ein Schiff aus Plastik zu sehen. Es sind aber die lustigen Boote, aus gefärbtem Brotteig und in der Form von vielen kleinen bunten Eiswaffeln. Der Verkäufer daneben bietet Boote aus verschiedenen Keksen an, die er mit einem Zuckerguss zusammenklebt hat. So sind diese Schiffe vielleicht eine besondere Leckerei für die Fische.

Den Mittelpunkt der Krathongs bildet eine gelbe Kerze und die drei zusammengebundenen Räucherstäbchen. Entzündet in der Nacht ergibt sich ein tolles Bild, wenn hunderte dieser Lotosboote mit ihrer brennenden Fracht den See in ein helles Lichtermeer verwandeln.

Auf der abgesperrten Straße drängen sich die Buden eines Krämermarktes aneinander. Tine kommt an kleine Kabinen, die durch ihre spitzenbesetzten Vorhänge an kuschelige Zimmer erinnern. Freundliche Mädchen mit bequemen Sesseln bieten wohltuende Fussmassagen an. Von hier aus kann sie den Ausblick auf den See genießen und die rot versinkende Sonne bewundern.

Parademusik erregt die Aufmerksamkeit. Ein bunter Umzug ist im Anmarsch um die wartende Menge zu erfreuen. Zahlreiche Clans aus der Umgebung sind mit überquellenden Familienautos zu diesem lustigen Spektakel erschienen.

Festwagen, die Tine mit ihren Aufbauten an bunte Faschingsumzüge erinnern, wechseln sich ab mit Gruppen von Tänzerinnen in ihrer glitzernden Tracht. Stolz tänzeln sie zur Musik im immer gleichen Rhythmus. Es ist eine sanfte Tanzform, die mit grazilen Bewegungen der Handgelenke ausdrucksvoll untermalt wird.

Auch die älteren der Damen wiegen sich im eleganten Schritt und tragen ihre traditionelle Tracht aus fein glänzender Seide. Über der Schulter eine breite goldene Schärpe, die in Höhe der Hüfte durch eine große Schleife mit dem silberfarbenen Gliedergürtel verbunden ist. Thai-Boxer-Jungs in rot gewickelten Pluderhosen sehen durch ihre schwarzen tätowierten Drachen an Bauch und Armen gefährlich aus, während von den ausgelassen tanzenden Männern, die als Wilde in fransigen Bambusröcken verkleidet sind, der Takt auf ihren Bongotrommeln angegeben wird.

Kindergarten-Bübchen mit weißem Hemd und einer purpurfarbenen Wickelhose schreiten würdevoll neben einem

Molammädchen, beschützt werden sie von einer lustigen Schar Nikoläuse mit thailändischem Flair. Auch sie sind in die roten Tücher einer Hose gewickelt, haben aber einen nackten Oberkörper und ihre sonst schwarzen Augenbrauen und das Kinn sind heute geschmückt mit einem langen Rauschebart aus weißer Watte.

Einen Hauch von Westen trägt die weiß/blau gekleidete Band herein, die gemeinsam im Takt des schwingenden Stockes marschiert, mit Cheerleadermädchen in ihren Röckchen, gefolgt von Klarinettenspielern und großen, dumpf tönenden Trommeln.

Auf einem festlich geschmückten Wagen wird die Liebes-Szene aus einer Molamgeschichte nachgestellt. Umgeben von echten Bananenstauden sitzt die anbetungswürdige Schöne in einer kleinen Bambushütte, ihr zu Füßen kniet der Geliebte und besingt sie auf die herrlichste Weise. Aber auch der tänzerische Showteil des Molam wird zur Geltung gebracht. So zeigt ein anderer Wagen eine Band, die mit heißer Musik die übermütige Mädchenschar zu immer leidenschaftlicheren Tänzen anfeuert.

Andere Aufbauten ehren mit üppigen Blumenkonstruktionen sowohl Buddha wie auch den König, dessen Bild Tine oft erkennen kann.

Bei all dieser Blütenpracht ist das Grundmotiv immer eine Lotosblume und wie im Tempel, ist Buddha auf den Bildern stehend oder sitzend in einer Lotosblüte zu erkennen.

Geschmeidige Tempeltänzerinnen wiegen sich im sanften Rhythmus der Musik von fremdartig klingenden Instrumenten. Sie erweisen den winkenden Menschen ihre Huld mit einem scheuen Lächeln ihres Mundes, oder einer Bewegung ihrer ausgestreckten Hand. Sänftenträger bereichern den quirlig bunten Zug und tragen auf blauen Gestellen die modellierte Landschaft der Reisfelder, das mit Blumengirlanden und blinkenden Lichterketten versehene Bild der Königsfamilie. Selbst die weiße Hängebrücke aus der Parklandschaft vor Ort ist im Miniaturformat zu bewundern. So zieht der Zug rund um den See, bis er am letzten Kreisel in der Innenstadt sein Ende findet.

Tine geht in der einbrechenden Dunkelheit zurück zum See, wo die ersten Schiffchen ihre flackernden Lichterschatten auf das Wasser werfen.

Ganze Familien sind am Ufer versammelt und Väter legen die letzten silbernen Münzen für den Wassergott in die Boote ihrer Kinder. Manch einer dieser schnittigen Flitzer dümpeln bereits in Seenot. Andere schaukeln sanft in den flachen Wellen derer, die mit beiden Händen im Wasser versuchen, ihr Boot ins tiefere Wasser zu treiben. Kleine, selbsternannte „Wassergöttern“, steigen nun selbst in die Fluten und schieben zur Freude aller die Boote weiter in den See hinaus. Dabei angeln sie ihren Lohn aus den vielen Lotosschiffchen heraus, was der Freude und der guten Laune der Bootseigner aber keinen Schaden zufügt.

Die Dunkelheit ist hereingebrochen, der See mit flackernden Lichtern übersät und glückliche Menschen lassen die verängstigten kleinen Vögelchen frei. Ein großes glitzerndes Feuerwerk erhellt den dunklen Nachthimmel und die übergroße Scheibe des Vollmondes taucht die ganze Szene in ein gespenstisch anmutendes Licht, unterstützt von den leuchtenden Laternen, die am See die Form von bunten Fabelwesen haben. Endlich dürfen auch die weißen, an Kochmützen erinnernde, Papiersäcke das Fliegen lernen. Unten angebracht sind kleine Ölfunzeln die die heißer werdende Luft zu einem sicheren Freiflug erzeugen. Der Himmel erscheint wie das Spiegelbild des Sees, alles ist übersät mit flackernden, immer kleiner werdenden gelben Punkten.

Tine ist überwältigt von diesen Eindrücken und macht sich auf den langen Heimweg. Dabei entdeckt sie in der Dunkelheit tiefblaues, meist flackerndes Licht das die Fahrbahn erhellt. Es sind getunete und tiefergelegte Autos, bei denen die ringsum verteilten Lämpchen ihr eigenes, lustig blinkendes Konzert ergeben, passend zum Takt der dröhnenden Musik. Sie liegen in Konkurrenz mit den Mopeds, deren veränderter Auspuff manchen Schläfer wiederauferstehen lässt und deren bunt flackernder Blinker der Lichtorgel einer Disco Ehre machen würde.

Die Fotoläden der Stadt gehören zu den heutigen Gewinnern. Stolze Eltern wollen ein Bild ihres niedlichen Nachwuchses haben. Auch die vielen Restaurants am Straßenrand haben alle Hände voll zu tun. Alle sind glücklich und machen sich am Ende des schönen Festes auf den Heimweg.

Tine bleiben von ihrer Zeit in der Stadt viele nachhaltige Erinnerungen und liebe Freunde in aller Welt, die sie in ihrem Herzen verwahrt. So wie die Mitarbeiterin einer humanitären Bewegung, die sie in Verbindung brachte mit Jerome aus Togo. Die beiden arbeiten schon längere Zeit an einem ähnlichen Projekt. Tine beginnt wieder Kontakte zu schließen und um Hilfe zu bitten, damit der Bau des Kinderdorfes aufgenommen werden kann.

So hat Tine ihre Erfahrungen, die Erlebnisse von Jake, das Leben auf dem Land und in der Stadt in diesem Buch zusammengefasst in der Hoffnung, dass dessen Einnahmen und auch noch die eine oder andere großherzige Spende in die Kasse des Kinderdorfes fließen.

Schenken sie ein Stück Hoffnung für eine neue Familie und ein neues Zuhause der kleinen Seelen, die mit Ihrer Hilfe eine Chance im Leben haben.

BITTE !!! Helfen sie uns bei unserer Arbeit.

www.lomphulat-childrenban.de

Gesellschaft für Integrale Ökologie und Sozialforschung

Auch der Mensch ist des Menschen Mitwelt. Thailand ist nach Australien das zweite Land, in dem wir uns engagieren. Wir handeln nach Ernesto Cardenals Leitspruch: „Solidarität ist die Zärtlichkeit der Völker." Doch was bewegt uns?

„Mitwelt" kennzeichnet das neue Bewußtsein für den Planeten als sich selbst regulierenden Gesamtorganismus. Die daraus folgende ganzheitliche „Integrale Ökologie" löst im bereits angebrochenen Zeitalter des Bewußtseins die Aufklärung des 18.Jh ab. Technokratie und materialistisches Denken waren deren Hauptfolgen und sind für die heutigen Krisen verantwortlich.

Wie die Psychologie gibt es viele wissenschaftlich basierte Disziplinen die an den Lehrstuhl gehören, weil sie aus systematischer Naturbeobachtung kommen. Dazu zählen u.a: Analytische Astrologie, Psychosomatik, Homöopathie.

Wir arbeiten an diesem Weg und am Nachlass der Ideengeberin Leni Rüegg (1910 - 2006). Die Schauspielerin und Lebenskünstlerin, eine der ersten Journalistinnen der Schweiz, hatte sich der Völkerverständigung und der sozialen Gerechtigkeit verschrieben.

Die australischen Aborigines als älteste Ethnie und Zivilisation der Erde lehren uns urbanen Menschen im Norden, was verloren ging. Dafür engagieren wir uns für deren Überlebenschancen. So wurde der Stamm der Nyungah vor wenigen Jahren von einer Zementfabrik enteignet, die inzwischen einer deutschen Firma gehört. Chancen „von außen" einzugreifen...

stellt. Die Bibel selbst verrät, was wir nicht mehr glauben sollten. Was fasziniert uns heute noch zu Recht oder Unrecht an ihm? Jenseits aller Theologie enthüllt Weiland ungeliebte Wahrheiten.

ISBN 978-3-936149-07-7 Leinen, Schutzumschlag, 644 S., Register

Eisert, Der Seifenhändler

Eine Fantasyerzählung á la Michael Ende in den Realitäten eines Tolkien mit der Sensibilität eines Andersen.

ISBN 978-3-936149-09-8 Paperback, 532 Seiten

Jeannie Gunn, Die kleine schwarze Prinzessin aus dem Never-Never

Bett-Bett verirrt sich bei einem Überfall aufs Farmgelände. Die große Frau versorgt sie und freundet sich mit ihr an. Doch die kleine schwarze Prinzes in versteht diese absurden Weißen gar nicht. Unwissentlich spielt sie manchen Streich und die Famersfrau braucht viel Humor um das zu verkraften.

ISBN 978-3-941848-05-4 Paperback 119 Seiten

Steven O. Guth Message Stone

Ein Road Movie um Kraftplätze, magische Steine und lebende Heilige.

ISBN 978-3-941848-07-8 Paperback 125 Seiten

Unsere Backlist:

Abraham von Worms. Buch Abramelin. ISBN 978-3-936149-00-5
Güttler, Werner Walter. Steine auf dem Weg ISBN 978-3-936149-05-5
Heine, Kerstin. Chakrenphysik ISBN 978-3-936149-55-5
Heinrichs, Johannes. Hyperion. Revolution aus Geist und Liebe ISBN 978-954-449-311-0
Heinrichs, Johannes. Öko-Logik ISBN 992-954-449-308-8
Mirabai, Amanecer. Musik-CD ISBN 978-3-936149-77-1
Ostmüller, Klara. Aeskulaps zerbrochener Stab. ISBN 978-3-936149-13-5
Saunders, Anne. Reisen in die Traumzeit. ISBN 978-3-936149-37-1
Schütz, Xóchil. Flamingo und Gnu. Lyrik. ISBN 978-3-936149-12-8
Tolli, Thelema ISBN 978-3-936941-35-6
Weinreich, Wulf Mirko. Integrale Psychotherapie. ISBN 978-3-936149-53-4
Wojnikov, Freimarer-Kartenspiel ISBN 978-3-936149-15-1
Wolf, Leonie. Ostschokolade ISBN 978-3-936149-08-9

ARAKI